U0130802

重

新

出

發

川

轉捩一刻·重新啟航

青年人一旦誤入歧途，社會上很容易出現各種標籤評價；認為他們躁動不安、生性叛逆，或是任意妄為的暴風少年。然而，年輕人在人生路上一時迷路，倘若他們能夠找到一個轉捩點，回頭是岸、重新出發，對個人、家庭或社會均意義重大。畢竟，他們擁有的明天，比其他人還要多。

本書記述的八位青年朋友，他們在成長的不同階段，確曾迷失過、跌倒過。他們以最直接、最切身的經歷，告訴大家：跌倒，可以再站起來；迷失，也可以再找到人生方向。他們在跌倒和迷失之時，身邊的同行者不離不棄，鼓勵他們尋找停下來的空間，思考前路與人生目標。

改變，從來是困難的。面對不可知的未來，他們踏出第一步所需要的勇氣，也往往比人們想像中的巨大。但是，他們憑著決心與堅持，加上同行友伴和家人的關愛與肯定，終能排除萬難，轉向人生新的一頁。

這些年輕人的生命，因著支持、愛惜而得到改變；命運也因著個人奮發向上而扭轉。我盼望這群勇敢、堅毅的青年，能夠透過他們的故事，影響更多人的生命，成為其他人在迷失、彷徨中的啟迪，找到前行的方向與希望。

何永昌
香港青年協會總幹事

會長的話

　　荃灣獅子會一直積極推動慈善項目造福人群。為進一步發展善業，更於 2015 年成立荃灣獅子會慈善基金（下稱本會），更成功註冊成為獲稅務局豁免繳稅的慈善機構，為日後推動善業打穩基礎。

　　本會在過去四年一直積極服務香港，推行超過 30 項多元服務，受惠人次超過 20 萬，包括贊助「逸傑慈善基金會」以幫助國內患有兔唇的病童提供免費的手術治療；與保良局合辦「至 Green 校園獎勵計劃」，以宣揚保護環境的訊息等活動。此外，本會亦贊助威爾斯親王醫院、獅子會與浸會大學中醫藥慈善基金、荃灣區撲滅罪行委員會、圓玄學院等團體推行多元服務，希望服務更多不同需要的社群。

　　關顧青少年成長一直為本會的服務宗旨之一，因此本會連續兩年繼續支持香港青年協會舉辦「重新出發‧青年嘉許計劃」，以獎勵形式嘉許努力改進的犯罪違規青少年。

　　第二年擔任「重新出發」青年嘉許計劃的複選評審，一如往年，每一位青少年的故事都令我有很深的感受。計劃中每一位青少年或許曾經誤入歧途，被視為社會的「壞分子」，受盡多少冷嘲熱諷，幸得社會熱心人士的誘導及自我反省，才換來今天「重新出發」的機會。

　　看見他們的改變，令我覺得很鼓舞。每個人都會犯錯，重點是懂得勇於承擔過錯，引以為鑑，警剔自己不要一錯再錯，並努力改進自己，成為一個更好的人。我希望社會各界能給予曾誤入歧途的青少年一個重新出發的機會，亦希望家長或老師能用心了解青少年的世界，給予他們更多關懷，誘導他們走正確的道路，讓他們擁有一個健康快樂的人生。

陳承邦會長
荃灣獅子會

目錄

第一部分
模擬處境遊戲及專家分析

「家庭」和「學校」是青少年成長中重要的系統，亦是吸收人生經驗的重要場所，而「家長」和「教職員」則是青少年人生中不可缺少的「指導員」，如能與青少年有良好的溝通和關係，給予正確和積極的價值觀和規範，能有助青少年健康成長。

以下有八個處境，有關青少年參與「違規／違法」、「欺凌／衝突」、「沉迷／成癮」及「吸煙／吸毒」等情境，當中顯示一些青少年與家長／學校教職員間的互動對話，讀者於閱讀處境後，可根據自己的預期或實際的處理方法，於每個處境提供的四個應對方式中選擇最近似你會使用的一個並作出統計，從而了解個人較常用的溝通模式。

I. 模擬處境遊戲

處境一

小明連續三天用髮蠟 gel 頭給風紀捉到，被帶去見訓導老師陳 sir。

陳 sir：「你知唔知校規唔准 gel 頭㗎，你仲要被風紀捉咗兩次都要繼續 gel？」

小明：「阿 sir 我唔明點解唔可以 gel 頭，你叫我個頭扁晒咁點見人？同埋我係鍾意 gel 頭呀，你奈得我何咩？」

於以下四個對答中，請選擇最近似你會使用的一個對答方式。

▶ 方式一：

陳 sir：「我都明白青春期，貪靚係好正常嘅事，今次畀機會你，下次唔好啦。」

小明：「知，實知㗎。」

陳 sir：「好啦，返去啦，夠鐘上堂啦。」

小明：「……」

▶ 方式二：

陳 sir：「小明，你以為自己 gel 咗頭真係好型咩？咪又係傻吓傻吓咁樣，仲要犯埋校規，今晚留堂，同我抄校規 100 次反醒吓！」

小明：「阿 sir，gel 個頭啫，使唔使咁串咁重手呀。」

陳 sir：「你試下再 gel 吖，仲重手都有呀！」

小明：「……」

▶ 方式三：

陳 sir：「陳 sir 都做過中學生，嗰時都好想返學 gel 頭，因為返到學校型啲，可以吸引女同學，但最後都無做，因為會犯校規。」

小明：「咁你想點呀陳 sir。」

陳 sir：「我而家畀兩個選擇你，第一個就係你繼續喺學校 gel 頭，但咁我就無辦法，要記你一個警告㗎嘞；一係你就放咗學先 gel 頭，放咗學先做型仔啦。」

小明：「……」

▶ 方式四：

陳 sir：「奈你唔何？小明，你自己醒醒定定啦！」

小明：「……」

陳 sir：「同埋呀風紀呀，gel 頭咁小事都要搵我？ 你自己處理得啦。下次呢啲雞毛蒜皮嘅嘢，唔好再打搞到我呀。」

風紀：「……」

 有關處境一的分析，請參閱第 31 頁。

4

處境二

小方因為零用錢不多,在不良朋友的鼓勵下,開始經常在便利店和超市偷東西,但其家人就毫不知情,對家中突然出現大量零食也不聞不問。今天,小方於便利店再次偷東西,最終失手被擒。小方爸爸到警署保釋小方,在警署門外:

爸爸:「點解你要偷嘢?」

小方:「因為我無錢買嘢囉。」

於以下四個對答中,請選擇最近似你會使用的一個對答方式。

▶ 方式一:

爸爸:「哦。唔好再偷嘢啦。咪搞到我又要三更半夜出嚟保釋你。」

小方:「……」

▶ 方式二:

爸爸:「你睇吓你吖,影衰晒我哋成家人呀。好學唔學走去偷嘢?我而家就打死你,睇下仲敢唔敢再偷嘢,偷嘢吖嗱!」

小方:「唔好再打啦。」

爸爸:「都唔知我前世做錯咗啲乜,生咗你出嚟,一日都係我命水唔好,我要打死你,打到你聽話為止。」

小方:「……」

▶ 方式三：

爸爸：「就算無錢使，都唔應該偷嘢㗎，犯法有機會影響到你日後嘅發展，你知唔知呀？」

小方：「而家都衰咗啦，你先講！」

爸爸：「犯咗法就要承受法律責任，如果你真係有偷嘢，你要誠實認罪，爸爸會支持你，同你一齊面對問題。」

小方：「哦 ⋯⋯」

▶ 方式四：

爸爸：「你平時無錢使做唔乜唔同我講？ 我一定會畀你㗎！」

小方：「你係先好講呀。」

爸爸：「梗係啦，你記住同我講呀。我會搵最好嘅律師，幫你打甩今次嘅偷竊罪，你唔好擔心，無事㗎。」

小方：「⋯⋯」

 有關處境二的分析，請參閱第 32 頁。

處境三

有一天，小明發現自己的書包不翼而飛，經過一番尋找後，只見書包在學校花圃的草叢，內裡的書本及文具卻全部不知所蹤。這已經不是第一次了，但他卻不知道是誰把他的書包和書本丟走。他大聲質問同學，但大家都沒有反應，甚至傳來一陣訕笑。怒羞成怒的小明開始失控，大吵大鬧，不斷踢枱和掉櫈，同學們都不敢回到課室，叫來訓導老師陳 sir 處理。

於以下四個對答中，請選擇最近似你會使用的一個對答方式。

▶ 方式一：

陳 sir：「我知你可能好唔開心，但我哋都要冷靜小小處理問題！你需唔需要平伏吓心情先？」

小明：「……」

陳 sir：「有冇同學見到事發經過 ？」

小明：「同學話見唔到 ……」

陳 sir：「畀人整蠱係會好唔開心嘅，如果真係有同學做出違規行為嘅話，我會處理，但我需要啲時間了解吓，所以請你先返去上堂，我會同班主任一齊處理呢件事……」

▶ 方式二：

陳 sir：「發生咩事呀？點解喺度發脾氣呀？」

小明：「我啲書無晒呀！唔係第一次啦！」

陳 sir：「唔緊要啦！我會請校工幫你搵搵，你唔好再發脾氣啦，上堂先啦。」

▶ 方式三：

陳 sir：「你捉完未？發洩完未？發洩完好快啲執返啲手尾啦，唔好阻住人上堂！」

小明：「……」

▶ 方式四：

陳 sir：「停手，你知唔知你而家喺度破壞緊公物，仲有機會整傷同學，我可以報警㗎！」

小明：「阿 sir，我啲書全部無晒喎，係全部無晒呀！」

陳 sir（大聲）：「我唔理你發生咩事，而家淨係見到你喺課室度搞亂，你喺度破壞緊課室秩序，破壞公物，同亂咁掉嘢，我擔心會整傷同學，你好同我停手啦，唔係嘅話，我就罰你。」

小明：「……」

有關處境三的分析，請參閱第 38 頁。

處境四

小方有一年紀比他細五年的弟弟，時常因小事而發生衝突，今日又因為使用電腦的時間而大打出手，媽媽見狀就上前處理⋯⋯

媽媽：「兩兄弟發生咩事啊？」

小方：「細佬唔畀返部電腦我⋯⋯」

於以下四個對答中，請選擇最近似你會使用的一個對答方式。

▶ 方式一：

媽媽：「要打出街打，唔好喺屋企打嘈到我！」

小方：「⋯⋯」

弟弟：「⋯⋯」

▶ 方式二：

媽媽：「我之前同你提過啦，你做哥哥，佢只係細佬，你要讓佢先，而且不論發生咩事，都唔可以打交。」

小方：「點解我要讓佢？！」

媽媽：「因為你係大哥，細佬仲細個，你做大嘅應該要讓下佢啦。總之你打佢一定唔啱。」

▶ 方式三：

　　媽媽：「唔好打啦，會受傷㗎。」

　　小方：「咁叫細佬畀返部電腦我啦 ⋯⋯」

　　媽媽：「細佬，快啲畀返部電腦哥哥啦，你兩兄弟要相親相愛 ！」

　　小方：「⋯⋯」

▶ 方式四：

　　媽媽：「有事發生，大家都唔好用電腦住，等解決咗問題先再玩。
　　我想分別聽吓哥哥同埋細佬嘅睇法先。」

　　小方：「⋯⋯」

　　弟弟：「⋯⋯」

　　媽媽：「我都了解咗件事，細佬係冇遵守到約定，但哥哥你都有錯，
　　任何情況都唔應該用暴力解決問題，亦唔應該傷害自己嘅親人。
　　就住呢件事，我要重新同你哋訂立用電腦嘅規則。」

 有關處境四的分析，請參閱第 38 頁。

5

處境五

雖然 DSE 已經臨近，但小明始終是機不離手。本來成績不錯的他，近半年因為打機至夜深，經常遲到甚至缺課，欠交功課的次數也直線上升，連帶最近的中期考試，成績也急劇變差。小明甚至連和同學交談的時間也減少了很多，又只顧打機，開始不參加課外活動及同學間的聚會。今天，小明又遲到了，回到學校時，已經在上第三節課，於回到課室時 ……

陳 sir：「小明，今次已經係今個學期第 13 次遲到。」

小明：「阿 sir，我好攰呀，教書你就教書啦，理我做咩啫！」

於以下四個對答中，請選擇最近似你會使用的一個對答方式。

▶ 方式一：

陳 sir：「你好攰咩？」

小明：「你見唔到嘅咩，成個黑眼圈出晒嚟啦，你估我好想遲到嘅咩？」

陳 sir：「今晚早啲瞓啦！」

▶ 方式二：

陳 sir：「小明，你最近遲到同上堂表現都有所退步，情況持續，我好擔心你嘅健康同成績，陣間落堂嚟見我！」

小明：「……」

下課後，陳 sir 面見小明……

陳 sir：「小明，我見呢期你精神狀態都好一般，少咗同同學一齊出去玩，係唔係發生咗事？你講出來睇吓我有冇機會幫到你 ……」

小明：「冇⋯⋯噚晚夜瞓啫。」

陳 sir：「係唔係打機打夜咗？我呢排都有玩緊隻 game，係幾好玩嘅！」

小明：「係呀，最近出咗隻新 game，玩夜咗，同埋掛住打機，咪少咗出街囉，日頭又咁劫，唔係太想講嘢。」

陳 sir：「不過咁，阿 sir 都有玩啦，但我都要準時返工㗎。打機唔緊要，最緊要識分配時間，如果唔係搞到我成日要捉你傾計，你都煩啦。」

小明：「但一日唔打機，我就會覺得好唔慣，好想即刻又繼續打。」

陳 sir：「不如，大家一齊諗吓有冇方法可以打到機，又可以唔遲到 ？」

小明：「⋯⋯」

▶ 方式三：

陳 sir：「又係你？ 下次唔好再遲啦。」

小明：「哦。」

陳 sir：（繼續教書）

▶ 方式四：

陳 sir：「遲咗三堂先返學？ 你今堂唔使上堂嘞，出門口企吓啦，今日放咗學再罰。」

小明：「你好嘢⋯⋯」（企起身行出班房，心及口裡面埋怨老師）

有關處境五的分析，請參閱第 44 頁。

6

處境六

現在已經是 12 點了，爸爸經過小方的房門時發現他仍未入睡，好奇下推開房門，發現小方神情慌張，並趕快關閉電腦的顯示屏。爸爸走上前了解情況，於重開電腦顯示屏後發現小方瀏覽成人網站。

爸爸：「小方，你睇色情網站？」

小方：「唔係啊，我啱啱睇第二啲嘢嗰時，個網站自己彈出嚟㗎！」

於以下四個對答中，請選擇最近似你會使用的一個對答方式。

▶ 方式一：

爸爸：「你真係冇睇色情網站？」

小方：「冇啊，佢真係自己彈出嚟㗎。」

爸爸：「OK 啦，咁唔好玩咁夜啦。」

▶ 方式二：

爸爸：「爸爸畀多次機會你回答。」

小方：「無啊，真係冇。」

爸爸沉默了一會兒。

爸爸：「爸爸都有過年青嘅時間，對性方面亦感到好奇，係好正常嘅。」

小方：「……」

爸爸：「但色情網站有好多唔正確嘅資訊，爸爸擔心你分辨唔到。」

小方：「我只係好奇睇吓咋。」

爸爸：「嗱，你對性方面有好奇，爸爸好理解，亦唔介意答你，你可以直接問我，爸爸會願意解答你嘅疑問。」

小方：「明白。」

▶ 方式三：

爸爸：「哦。」

（離開房間）

▶ 方式四：

爸爸：「你冇睇過，佢又點會自動彈出來，即使今晚冇睇，你之前都一定有睇過。」

小方：「冇啊。」

爸爸：「你唔好再講大話，再畀我發現你睇嘅話，我就唔畀你再上網。都唔知你有冇周圍搞三搞四，一定係小文同小新教壞你㗎啦，你唔好近佢哋咁多添呀，唔係遲早學壞。」

小方：「……」

 有關處境六的分析，請參閱第 45 頁。

小明最要好的朋友小強曾被發現吸煙，記了一個大過。今天午飯過後，小明與小強返回學校，於進入學校大門時被值班的老師叫停，表示於其身上嗅到有香煙的氣味，懷疑他有吸煙行為……

陳 sir：「小明，我聞到你身上有煙味！」

小明：「冇啊，我都冇食煙……」

於以下四個對答中，請選擇最近似你會使用的一個對答方式。

▶ 方式一：

陳 sir：「你唔好講大話，你一定有食，即刻搜書包！我陣間會通知埋你父母。」

小明：「……」

▶ 方式二：

陳 sir：「快啲走，唔好畀我聞到。」（扮聞唔到，當無事發生）

▶ 方式三：

陳 sir 保持平靜的心情，等待小明之回應。

小明：「阿 sir，（扮嘢）你會唔會聞錯呀！」

陳 sir：「嗯，你知道校規唔可以食煙，我畀時間你諗諗再回答我！」

小明：「嗯……」

陳 sir：「我而家就無證據話你食煙嘅，但你自己諗吓食煙對自己嘅影響，你同小強放學嚟搵我再傾。」

小明：「哼……」

放學後

陳 sir：「小明、小強，我而家唔係要罰你哋，不過就想你哋同我坦白，而家仲有冇食煙？」

小明：「……」

陳 sir：「你哋諗吓，食煙嘅副作用咁多，而且仲犯校規，一捉到就要記過，係咪值得食呢？ 今次我哋就搵唔到證據，如果下次再發生又有證據，咁就又多一個大過喇，你哋返去諗清楚，係咪真係想咁啦。」

▶ 方式四：

陳 sir：「嗱講真，你真係幾大陣煙味！」

小明：「阿 sir，（扮野）你會唔會聞錯呀！會唔會係附近嘅人啲煙味呀，畀次機會啦……」

陳 sir：「嗱 ！下次食還食，唔好喺我面前食呀知唔知！」

 有關處境七的分析，請參閱第 50 頁。

處境八

近日小方食慾一般，身體也較以往瘦削，於星期日的家長日時，班主任更表示小方有自言自語的情況，擔心他有情緒病或懷疑他有吸毒的情況，建議家長多加留意。次日，媽媽於家中打掃時，於床下掃出飲管和一個瓶子，媽媽憶起班主任的提醒後，懷疑這是吸毒用具，感到十分擔心。小方放學回到家中，媽媽上前了解……

媽媽：「今日我幫你清潔房間嗰陣，喺床下發現咗幾支飲管同一個膠樽。」

小方：「……」

於以下四個對答中，請選擇最近似你會使用的一個對答方式。

▶ 方式一：

媽媽：「你係唔係吸毒？」

小方：「冇吸毒，只係我上次飲完支嘢飲，掉咗喺床下面。」

媽媽：「如果你真係吸毒，媽咪會好擔心你㗎。」

▶ 方式二：

媽媽保持平靜的心情，等待小方之回應。

媽媽：「媽咪唔想隨便猜測，但都好想了解呢幾支飲管同埋膠樽嘅用途。」

小方：「只係我上次飲完支嘢飲，掉咗喺床下面，冇特別。」

媽媽：「媽咪見你呢期精神差咗，又瘦咗，係唔係有咩事發生？或者媽咪可以畀少少時間你諗吓，點樣講出來先好。」

小方：「……」

媽媽：「如果你真係吸毒，媽咪會好擔心，你可能有自己嘅原因，不過你都應該知道，毒品會對身體造成好大嘅傷害，我想同你傾吓，同你一齊面對呢個問題。」

▶ 方式三：

媽媽打掃後，將飲管和瓶子扔掉，當沒有事情發生。

▶ 方式四：

媽媽：「家長日嗰陣，你班主任都話你呢排上堂冇精神，又瘦咗，佢都懷疑你吸毒呀，而家又畀我喺屋企搵到飲管同膠樽，你一定係吸毒啦！你係咪痴咗線呀，你知唔知吸毒有咩後果呀！一掂毒就死梗㗎嘞你知唔知呀？ 我唔理呀，你一係即刻戒毒，一係我就同你斷絕關係，當無生過你呢個仔！哎呀我係咪前世做錯咗咩呀，點解個仔會吸毒㗎，我都老啦，係咪想我死都唔眼閉呀……」

小方：「……」

 有關處境八的分析，請參閱第 50 頁。

II. 模擬處境遊戲統計表

　　根據處境遊戲的選擇，請在以下的統計表格中，記錄和圈出在每個處境中，最近似你會使用的方式，圈出最多的方式，就是你傾向用的方式。下文將會詳細分析不同方式的特別以及有可能帶來的情況。

處境項目	選擇			
	方式一	方式二	方式三	方式四
處境一	放任型	權威型	恩威型	忽略型
處境二	忽略型	權威型	恩威型	放任型
處境三	恩威型	放任型	忽略型	權威型
處境四	忽略型	權威型	放任型	恩威型
處境五	放任型	恩威型	忽略型	權威型
處境六	放任型	恩威型	忽略型	權威型
處境七	權威型	忽略型	恩威型	放任型
處境八	放任型	恩威型	忽略型	權威型

III. 青少年的成長特徵及需要

要了解不同方式的管教方法跟青少年成長的關係，我們要先了解青少年在成長中的發展需要以及特點。

1. 生理發展

身體和腦部迅速發展，青少年的認知、語言能力、記憶力、決斷力等均會逐步上升。

2. 心理發展

小時候，孩子對自己的看法比較直接簡單，例如認定自己是一個男生或女生，或認為自己是一個班長。

在青少年階段，他們的身體和腦部迅速發展，開始建立對自己更抽象的概念。他們透過了解自己的想法、信念和標準來認識自己，例如「我是一個善良的人」、「我有能力成為一個群體的領袖」，並開始嘗試以自己的想法獨自在外面的世界尋找自己的價值和建立自己的身分。

青少年可能會透過參與不同活動或社交群組來找出自己的角色。他們會從不同層面來評價自己，包括學習成績、運動能力、外貌、社交關係和道德標準等。剛開始的時候，他們的自尊心會比較起伏，但隨著年齡增長和不斷的自我發現，他們的自尊心慢慢會變得穩定，而且會建立一個更明確的自我概念，並隨著此概念的方向發展。

但是，如果這個過程不順利，例如沒有機會參與個人及社交活動、沒有適當的空間表達自己的想法等，他們對自己的身分可能會感到模糊，變得彷徨迷失，不知該何去何從。

3. 與朋輩的關係

在青少年階段，青少年與朋輩相處的時間增加，相反，與父母相處的時間或會減少。他們會選擇跟自己的行為、信念及身分相若的朋輩做朋友，例如有共同喜好或參加同一個制服組織的朋友。

如果他們仰慕某些朋友和尊重該朋友的意見，他們的行為便可能會受影響。朋輩之間會互相學習、模仿，繼而變得愈來愈相似。

同時，他們亦需要學習在親密關係和自主之間作出平衡，讓他們能夠在享受友誼的同時，亦能尊重和堅持自己的想法，不至於只受朋輩影響。

4. 與父母的關係

踏入青少年的階段，青少年與父母的相處時間或會減少，親密程度亦可能會比年幼時下降；而且，隨著青少年的自主性和獨立思考增強，他們可能會與父母產生意見不合、挑戰權威等大大小小的衝突。

但是，隨著年紀增長，青少年與父母可能會透過磨合和互相妥協而得出更有效的相處模式，讓他們有同等權利，互相依靠，關係亦會逐步改善。

而且，青少年的社交關係和個人發展，跟父母的關係息息相關。有不少研究結果顯示，子女與父母的關係或父母的管教方式都能影響子女在不同生活範疇上的發展，例如，在溫暖和給予幫助的家庭中成長的青少年，擁有較強的社交能力和更正面的友誼。他們傾向著重父母的意見多於朋輩的意見；而過於嚴厲的管教方式，或會讓青少年傾向較為接受朋輩的意見。

由此可見，家庭的管教方式於青少年成長上扮演著重要的角色和作用。

5。家庭／學校的管教模式

　　家長及老師規管青少年會有不同的管教和相處模式，這對青少年的成長會有不同的影響。

　　有研究指出，管教和相處模式主要包括兩方面的因素，分別是「情感支持」和「行為控制」。情感支持是指父母或老師對青少年的關懷和支持、認同和關愛等。行為控制是指家長或老師對青少年要求遵從、訂下規則和指令的服從等。

　　家長在情感支持和行為控制兩方面的不同表現，可以歸納成四種不同的規管風格，四種風格包括權威型、放任型、忽略型及恩威型。

父母管教類型 (Parenting style)

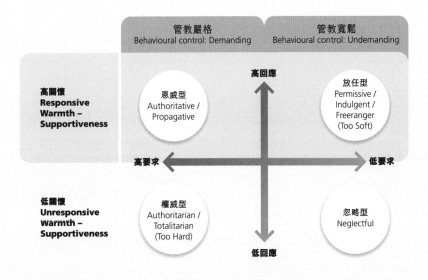

A) 權威型（我話係咁就係咁）

權威型的管教方式著重於青少年對權威（老師或父母）的順從。使用這方式的家長對青少年缺乏關懷，傾向以傳統的標準，例如「父母的說話一定要聽」，來評價青少年的行為和態度，並以較嚴厲和主導的方式，例如懲罰或責罵，來改變或控制他們。父母與青少年的溝通主要是單向的，由他們作出指令，並不容許青少年提出意見或作主。

對青少年的影響：面對這種管教方式的青少年可能因為從小缺乏互相溝通的機會，其社交技巧會比其他青少年較遜色。他們亦可能會較為被動，不願意主動與人建立關係或作出個人決定。當遇到問題時，他們可能會盲目聽從外界當權人士的說話，又或者相反，他們會因對父母的憤怒而變得反叛，繼而作出反面的行為，例如爭辯、說謊、離家出走等，來報復或逃避懲罰。

B) 放任型（你想點就點）

放任型的管教方式是指對青少年的態度和行為作出極少的要求和指導。使用這種管教方式的父母或老師不要求青少年有任何成就或成熟的行為，亦不會限制他們的行為和生活。他們對青少年充滿關懷，但並不會對他們的行為作出適當的回應或給予後果。反而，他們會讓青少年決定各事務，並讓他們隨意安排自己的時間和活動。

對青少年的影響：面對這種管教方式的青少年可能會抗拒承擔任何責任。他們可能會較難自控，或會做出衝動而不智的行為。他們亦可能因為缺乏適當的指導而缺少獨立處事能力或較自我中心。

C) 忽略型 (天生天養)

忽略型的管教方式是指對青少年的行為採取不瞅不理的態度。使用這種管教方式的父母或老師對青少年缺乏關懷,傾向對他們的生活不聞不問,例如不過問他們的校園生活、他們身處何地等。他們亦較少與青少年相處,故此對他們的認識較淺。他們認為青少年應該「天生天養」,所以不加要求,亦不作關注。

對青少年的影響:面對這種管教方式的青少年的自我形象和自尊感可能較低,因為從小到大都沒有得到父母或老師適當的關注和重視。他們對於規矩、是非黑白的概念亦比較模糊,不懂如何分辨自己行為的對錯。

D) 恩威型 (恩威並施)

恩威型的管教方式著重於恩威並施。「恩」是指對青少年的關懷和重視,而「威」則是指對他們的要求及堅定的態度。恩威並施的父母或老師對青少年十分關懷,同時亦對他們的行為有一定的要求和指標,但並不只求服從,反而會跟他們清楚解釋規矩的內容和原因,讓青少年了解背後的根據。同時,他們賞罰分明,教導方式傾向以讚賞來鼓勵正面行為。他們鼓勵青少年獨立,亦相當重視他們的權利,願意聽取其意見,並讓他們參與家中或個人的大小決定。

對青少年的影響:面對這種管教方式的青少年會比較自主獨立,自律性高。他們較能明白並接受社會的規範,並更能準確評估各種行為帶來的後果,因而作出適當的決定。他們的責任感亦會較強,願意為自己的行為負責,同時亦勇於提出自己的意見。他們對外間的事物比較好奇,並更有動力去發掘和認識新事物。有研究結果顯示,這種管教方式能有效減低負面的朋輩影響。

6. 規範的訂立與技巧

心理學家沙維爾（Virginia Satir）曾經指出，早期家庭生活中的規則，常對個人有至深的影響，甚至成為支配個人一生重大抉擇的主宰。所以家庭規則對家人的整體心理健康發展佔有重大的角色。

適當地訂立規範，可以使青少年改善行為之餘，更可以使到他們學習到解決問題的技巧，以及建立遵守社會規範的意識，以下是跟青少年訂立規範的一些原則。

以愛為基礎

家長在訂立規範時，必須以愛為基礎，當青少年體會到家長的關愛時，自然會更樂意接受家長所訂立的行為規範，父母可以嘗試了解或明白青少年行為背後的原因及動機，切忌有過多的批判和指責。

配合青少年的發展

家長所訂的規則，必須要配合青少年的能力和發展階段，切忌要求過多及過高。

違規後果

制定規範時，必須同時訂定違規後要承擔的後果，而該後果必須是青少年重視及關注的。

簡潔及明確

所訂的行為規範，必須簡潔及明確。切忌因擔心青少年得知後出現情緒及不良行動，而刻意將有關規範訂得模糊，這不但對青少年改變自身行為沒有幫助，更有機會讓青少年有藉口逃避遵守規範，長久下去增加管教的難度。

給予青少年選擇的機會

要讓青少年學習自主，家長應給予青少年選擇的機會，以便青少年明白及信服規範。

講得出，做得到

規範是要雙方共同商討而訂立的，家長或老師亦需要立場堅定、切實執行，如發現於執行的過程中出現困難，可與青少年重新檢視和重訂規範。

規則清楚，賞罰分明

如果青少年的不當行為不會影響他人，父母應不予以理會，而不當行為停止時，便立刻稱說嘉許他們。但如果這不當行為會影響他人或造成嚴重後果，父母應請青少年立刻停止，並予以懲罰。

不斷調整

家長要因應青少年的成長而不斷調整規範，如果青少年表現出的自控能力較大，可以讓他有較大的自主空間，讓他建立自控能力。

規範不等於「不准」

規範最主要是告訴青少年他可以在何時和何地做甚麼行為，從中讓他得到安全感去執行相關規範。

行動勝於言語

對於青少年而言，身教是最重要的，家長需要成為其中一個榜樣，他們才會更願意跟從。

教導青少年以適當途徑疏導情緒

教導青少年建立適當發洩情緒的途徑，聆聽他們心聲，鼓勵他們以言語表達自己的負面情緒。

7. 同理心的重要

　　家長和老師在面對青少年時，很容易便因為自己是處於「權威」地位，而忽略了同理心的重要，往往只憑著個人主觀經驗及判斷力來衡量對方，很難設身處地來體會對方的情況。

　　這樣的話，青少年會以為父母和老師不了解自己，覺得父母和老師只希望把他們的價值觀強加於自己身上，減低了青少年對家長和老師的信任，令溝通和管教變得更困難。

　　「同理心」即是站在別人角度設身處地去明白和接納對方的想法和感受，不作出任何主觀評價和給予意見。以下是其中一個例子：

　　於一場比賽中，有青少年因不滿對手多次犯規，多次的忍讓後，最終大打出手。假如我們只處理該青少年於行為上使用暴力，而沒有再深入了解其行為背後成因，該青少年某種美好的特質可能會被忽略，例如於其選擇動手前，已多次作出忍讓，或者渴望雙方可以於公平的情況下作賽等。青少年可能因為我們的不理解和不當的批評，而出現對抗的行為。相反，如果我們先肯定青少年行為背後的想法，讓其抒發不滿的情緒，再處理其暴力的行為，情況便來得容易和順利。

青少年在成長過程中，需要建立自我及良好的朋輩關係，亦需要家長和老師適當的扶助，來引領他們完成「成長任務」。如果從小到大都能受到恩威型的規管，能有效地帶領青少年成為一個更成熟、在待人接物及處事方面均有更好發展的人，而家庭關係亦會比較和諧親密。要拿捏「恩」與「威」之間的平衡並不容易，家長和老師可參考以下幾點要素，嘗試加以運用：

- 提供一個溫暖的家庭／學校環境，例如對青少年表達關心、讚賞他們的努力或良好表現等。

- 當家中出現爭議時，讓青少年有充分機會表達意見，作誠懇開放的討論。

- 當作出一些決定時，向青少年清楚解釋該決定的因由，例如因財政問題需要搬家並替子女轉校。

- 建立對青少年行為的清晰標準，並解釋該標準的合理根據，例如假設當晚有事要在凌晨 12 點後回家，必須提早跟父母交代，因為父母會擔心其人身安全。

- 訂立的規矩或獎罰制度，而且必須貫徹始終地執行，如果於執行的過程中出現困難，可與青少年重新檢閱和或重訂規範。

- 適當地監察子女身處何地，但不用過分仔細或過分介入子女的活動。

- 根據青少年的發展程度，作出彈性回應，例如在子女年幼時，家中決定較多由父母主導，但隨著青少年的成長，父母可讓子女表達更多意見或參與家中的決定。

IV. 處境分析及專家意見

1. 違規 / 違法行為

定義及現況

「違規行為」是一個相對性的概念，常因情境、時間、文化背景的不同而有不同的意義。一般而言，違規行為是指違反社會、家庭、學校中的法律、規範或紀律的行為，而「違法行為」就是違反了當地法律所禁止之行為，當違反了有關法律條例，需接受一定的法律審判及定罪。

學生常見違規行為的類別如下：

一、校園暴力及相關行為

校園暴力是指同學間持續或單次性地透過肢體的碰撞、言語的傷害，使其中一方受到身體或心理傷害的行為，而當中是因為能力、權力或體形的不對等所致。當青少年長時間處於不安全的氣氛中，有可能讓他們出現逃避、退縮、逃學、攻擊行為、學業成績低落或帶武器到學校等問題。

二、濫用藥物

濫用藥物之青少年通常來自功能失常的家庭，例如家人常常發生衝突、家中成人濫用藥物、否認家庭有問題，家長過分干預、小孩擔當大人角色或責任等，都容易讓青少年產生心理的強迫需求和依賴；在所有偏差行為當中，濫用藥物最易和其他行為同時呈現，例如自殺、暴力、低成就感、犯罪、缺課、輟學、被逮捕及相繼而來機會的喪失、自尊低落和缺乏生活目標等。

三、逃學、離家出走

逃學、離家出走二者在心理狀況方面，皆由外在因素造成，例如不滿某位老師、厭惡某些學科、對學校措施的排斥或對家長管教方式的反抗等，在分類上屬行為問題，是一種反社會或外向行為問題。

四、自我傷害行為

青少年除了傷害他人外，亦有機會出現各種傷害自己的行為，例如剒手等，當情況發展嚴重，可能會出現自殺行為。

五、偷竊及其它犯罪行為

青少年的偷竊行為可能來自於對物質過分追求或缺乏物質，亦有機會源自青少年朋輩間的互相影響。

違規行為其實並不只限於青少年，所有年紀的人亦有機會出現違規問題，但在青少年的成長階段中，因為受各種因素影響，例如心智發展尚未成熟、重視朋友看法、與父母關係欠佳等，而令其增加參與違規或違法行為的可能性，以下會詳述各種因素。

一、挑戰權威

青少年在青春期開始追求自己的身分認同，他們希望擺脫父母和學校的影響及約束，嘗試以自己的想法尋找自己的價值，建立自己的身分。因此，他們會有挑戰權威的傾向，質疑學校和社會的規矩，甚至以行動去挑戰它們。

二、自制能力未完善

青少年相較於成年人，思考時會比較著重即時的結果，而較少思考長遠的後果，所以他們在遇到誘惑或利益時（例如很想買一樣東西，但沒有錢），便會更容易使用違規／違法的手段來達到他們的目的，例如偷竊。

三、朋輩影響

青少年在這個時候，會嘗試發展出自己的思想和價值，但他們對這些剛萌芽的價值還是會感到十分模糊，所以他們十分需要透過別人的認同，去肯定自己的價值，而很多時青少年確定自我價值的來源，就是他們的朋輩。這個時候，朋輩的想法會對他們產生巨大影響，一旦朋輩間有人開始出現違規行為，其他青少年出現同樣違規行為的機會便會大大增加。

四、家庭因素

雖然青少年努力嘗試擺脫家庭的影響，但家庭的影響力，對他們來說仍然是深遠的，例如家長的管教模式傾向放任型的話，就會令到青少年的自制能力更低，不能認識到違規的後果；如果家長本身也涉及違規或違法的行為，也容易令到青少年「有樣學樣」的情況出現。

青少年需要及發展

處境一　有關處境一的內容，請參閱第 3 頁。

心理發展：青少年於成長的階段較為重視自我的形象，亦會藉打扮、化妝、配帶飾物等提升個人自信心，於處境一中的小明即使因為多次在學校 gel 頭，而被老師和風紀處罰，仍然堅持 gel 頭，有可能反映小明是一個自信心和自我形象較低的青少年，又或是於朋輩中屬於不被接納的一位，所以嘗試改變自我形象，從而提升自我肯定。

朋輩影響：青少年階段重視朋輩的相處，對於朋輩間興起的文化或活動，青少年會互相模仿和學習，例如朋輩間有不少人也有 gel 頭，所以小明也會去做相同的行為，藉此尋找朋輩間的接納和認同。

獨立思考的能力：隨年月過去，青少年開始有自己的想法，而不只是單向的服從，對於長輩的指令會有批判的思考，而不再是盲目的跟從，例如小明會反問陳 sir 上學不能 gel 頭的原因。

處境二 　有關處境二的內容，請參閱第 5 頁。

心理發展：處境二的小方正處於道德規範和價值觀建立階段、欠缺足夠的判斷和堅持，也忽略行為所帶來的嚴重長遠後果，因為短暫的利益和被誘使下，最終也參與了違法行為。

朋輩相處：「認同感」和「被接納」是人的基本需要，小方渴望得到朋友的接納，又或是擔心拒絕參與行動會出現「不被認同」的情況，最終，在朋友的誘使下參與了行動而被捕。

家人的相處：家人對小方的照顧不足，對家中突然多出很多零食亦沒有追問，於被忽略的情況下，青少年很多時候會藉違規行為取得家人的重視和關心，處境中小方因為透過違規行為成功地吸引父母的注意，過程可能會被指責和打罵，但起碼會令自己的父母注意到自己的存在。

回應分析

處境一：老師的處理

在違規行為中，儀容算是比較輕微的問題，相反，小明在言談間，處處展現了挑戰老師的意欲，所以老師要做的，不是去「糾正」小明經常 gel 頭的行為，而是處理小明希望挑戰校規的情緒，以及肯定小明希望改善自己儀容的想法，若果處理不當，便很容易小事化大，衍生出更嚴重的問題。

方式一：放任型

老師有肯定小明想改善儀容的想法，但是卻沒有對他犯校規有任何的處理。這種手法可能會使到小明覺得犯校規是沒有問題的，進而去挑戰其他校規。

方式二：權威型

言談間不斷打擊小明的自尊心，並徹底否認小明的想法，而且施加相當嚴厲的懲罰，但又不了解因由。小明會因此感到相當不忿，與老師的關係亦會變差，更加容易尋求更誇張的手段去挑戰老師的權威。

方式三：恩威型

老師接納小明希望自己儀容更好的想法，但同時亦有指出，犯校規是會受到懲罰的，並給予了他其他選擇。這種做法叫「設限」，老師將自己的要求以及違反的後果清晰講出來，給予學生自由度和思考選擇的空間，這種做法有助學生明白違規的後果，並避免再做類似的行為。

方式四：忽略型

完全不理會小明的違規行為，相當於默許小明違規行為。

處境二：家長的處理

處境二的家長，因為平日和小方缺乏溝通，所以對他偷竊的行為毫不知情，亦不知道他因為零用錢不夠而要偷竊。於此階段，小方爸爸最重要的，是了解小方盜竊的背後原因，並針對這件事去作出處理。至於犯法的行為，小方爸爸可以讓小方明白，犯上刑事罪行是需要負上法律責任的，避免對小方的行為有太多的指責，而忽略了小方的情緒及問題出現的原因。

方式一：忽略型

小方爸爸完全沒有理會小方偷竊的問題，怪責小方被警察拘捕，浪費了他的時間，也忽略了小方的感受，未能讓小方改變他的行為。

方式二：權威型

小方爸爸極度憤怒，將怒火完全發洩在小方身上，甚至出手打小方，更使用侮辱的說話，小方不但未能汲取教訓，更可

能因為爸爸的憤怒反應，學習了一套「以暴易暴」的解決問題方法，令他日後犯上違法行為的機會更高。

方式三：恩威型

小方爸爸明白小方因為錢不夠用而出現偷竊行為，因此明確指出偷竊是犯法行為，需要負上法律責任，並與他討論相關的問題，沒有過分怪責小方，並給予他不要再犯的明確要求。

方式四：放任型

爸爸於離開警署後只詢問小方是否有足夠的零用錢，而沒有對小方的犯法行為作出探討和回應，而且更表示會請律師協助他逃避法律責任。這明顯只是照顧了小方即時的需要，但對他的行為卻沒有任何要求，容易令小方誤以為犯法不需要付上代價。

處理建議

青少年擁有自己的思想與價值觀，希望擺脫現有權威和制度對其的影響。當青少年出現違規行為後，假如家長和老師只利用權威向青少年施壓，否定他們的想法和情緒，只會令到事情適得其反。在處理違規行為時，最重要的是要尊重青少年的想法，明白其行為背後的動機，並以引導的方式，帶領他們去反思自己行為所帶來的後果，這樣青少年才會有被接納的感覺，並能夠真正學會如何去處理問題。

另一方面，在尊重他們的想法的同時，要鼓勵他們勇敢地承擔後果。有些家長在發現子女犯法時，會選擇千方百計地替他們去隱瞞。家長對子女的愛護和擔心是絕對可以理解的，但若重覆使用這種方式，可能會錯誤地讓子女以為犯了法可以逃避責任，間接鼓勵他們繼續該違規行為。有時候，適當的後果能讓我們更能分辨對錯，學習當一個守規而負責任的人。

2. 欺凌 / 衝突

定義及現況

欺凌

　　欺凌是不少學生都有機會遇到的問題。欺凌有兩個特性，第一是雙方有明顯的強弱之分，弱的一方並無「還擊之力」。第二是欺凌行為往往會是重覆的，而且會持續一段時間，由一個月至六個月不等，甚至更長。

　　根據加拿大卑詩省教育局所出版的「E.R.A.S.E Bullying」(掃走欺凌)小冊子，欺凌行為有四個常見類型：

- 身體暴力：包括拳打、腳踢、絆倒、擰捏和推撞或者損毀財物。

- 言語攻擊：包括謾罵、侮辱、嘲笑、恫嚇、歧視的言論或口出惡言。

- 社交及精神：又稱為「人際關係欺凌行為」，包括旨在損害某人的聲譽或造成羞辱的行為，例如說謊和散播謠言、做出難看的面部表情、開刻薄的玩笑使某人難堪或丟臉、以刻薄的方式模仿某人及鼓勵在社交上排斥某人等。

- 網上：包括在社交媒體網站（例如 Facebook 及 Twitter 等）或互聯網上的其他媒介（例如網上遊戲、聊天室及即時通訊軟件等）奚落或羞辱別人、作出言語或精神欺凌、在成人網站發布其他青少年的照片等。

　　同一個欺凌個案中，可能會出現多於一項類型的欺凌，就像小明，便同時受到身體暴力 （書包被扔掉）以及社交和精神（發脾氣被訕笑）的欺凌現象。

面對欺凌行為，被欺凌者往往出現幾種不同的即時情緒反應，包括：

- 暴躁（包括不斷怒罵、講粗口）

- 哭（因為覺得委屈）

- 報復行為（例如破壞行為、暴力行為等）

- 冷靜應對（接受被欺凌、尋求老師及家長協助等）

衝突

相比起欺凌，衝突的特徵是短期、沒有重覆的單次行為，而且未必會有強弱之分（可以是權力相當的二人引起的衝突）。人與人之間的衝突十分常見，而且有時不可避免，並不是青少年獨有的處境。

面對衝突，一般來說，我們會有四種不同的反應：

- 攻擊：透過行為或言語上的暴力，希望可以令對方屈服。

- 退縮：消極逃避，希望令衝突盡快平息，但完全無視衝突原因。

- 服從：服從權威（父母、老師）的所有意見來平息衝突。

- 解決問題：找出衝突背後的原因，尋找一個大家都可以接受的解決方案。

很明顯，四種不同的處理方法，會帶出截然不同的效果。

使用「暴力」去解決問題，其實不是在解決問題，而是製造更多問題，使原有的問題更催複雜化，而且一旦習慣了這種處理衝突的方式，更加會容易做成嚴重的後果，包括嚴重傷害他人身體、成為欺凌者等。

「消極逃避」則是另一個極端，沒有解決到衝突的原因，連帶衝突時所引發的情緒也不能有效處理，就像一個計時炸彈般，隨時都有可能引爆。

選擇「服從權威」的青少年，很多時都是父母眼中的「乖學生、乖孩子」，但要留意的是，青少年成長發展的其中一個任務，就是要建立一套自己的價值觀，如果長期盲目順從權威的意願，有機會令他們不能發展出自己的思想和價值，進而對自己的身分感到迷惘，欠缺自信心。

而「解決問題」，就是應對衝突的最好方法，找出衝突背後原因，再整理一個大家都可以接受的處理方法，既能夠解決問題，亦可以有效紓緩因為衝突而引發的情緒，對雙方的傷害是最少的，亦有助提升日後遇到同類問題的處理能力。

表面上看來，青少年經常面對衝突，但很多時其實是因為青少年未學懂如何處理衝突，所以採用了暴力手段去試圖即時化解衝突，而以下幾個因素則是背後的一些原因。

自我中心

前文提及，青少年在青春期希望擺脫其他人的意見和想法，建立一套自己的思想和價值觀，而用另一個角度詮釋，就是青少年會傾向自我中心和不接納他人意見，令衝突不能解決的機會增加。

自我控制和表達能力未成熟

青少年始終仍然處於一個發展的階段，他們未必能好好處理自己的情緒，不知道如何表達自己憤怒的情緒時，便有機會訴諸暴力來發洩，惟暴力行為也只是冰山一角，背後往往是隱藏了他們的需要和渴求。

家庭 / 環境因素

家庭環境和父母對子女的教導，對青少年日後的成長、處事的方式等有重大的影響，假如父母多選用暴力的方式解決問題，於潛移默化的情況下，青少年有較大機會使用相同的方式處理衝突。

青少年需要及發展

處境三 有關處境三的內容，請參閱第 7 頁。

小明多次被丟書包，而且毫無還擊之力，連丟書包的真正元兇也未能找到，是一個被欺凌的對象。小明所受到的欺凌，也不只是單一方面的，而是包括身體暴力（丟書包）以及社交和精神暴力（訕笑他以令他難堪）。

心理發展：小明長期受群體欺凌和不被重視，會感到無助和失落，假如身邊成年人處理不當，會令他出現不同的負面想法，例如「我是一個沒有用的人，是一個弱者，會被人欺凌」，或者另一個極端的「被人欺凌的感覺很痛苦，我不想再發生在自己身上，與其被別人欺凌，不如我做施暴者」，被欺凌者為了自我保護，部分於往後的日子會成為欺凌者。

自我防衛機制：小明的反應，由暴躁（不斷質問），再升級至報復行為（踢枱和掉櫈），除了表達當刻的不忿和無助的情緒外，更重要是啟動了「自我防衛機制」，希望藉具攻擊和威嚇性的行為，讓欺凌者知難而退，又或是發出「求救的信息」，希望身邊的人能伸出援手。

處境四 有關處境四的內容，請參閱第 9 頁。

心理發展：小方因為和弟弟爭電腦用，而和他大打出手，正正反映了他遇上衝突時，未能適當的反映自己情緒和解決問題，而選擇用攻擊的方法，藉暴力去解決糾紛，而這也是青少年最直接和自覺最有效的解決方法。

家庭關係：小方因為被弟弟佔用了電腦，自己的權益受到要脅，所以便引發了他的「自我防衛機制」，阻止弟弟繼續佔有他應有的利益（用電腦）。小方沒有告知家人，而是用暴力解決問題，除表現其處理衝突或情緒管理的技巧不成熟外，更有機會是反映沒有安全感和對長輩的不信任，例如當父母說出「你是哥哥，他只是細佬，做大的要讓細。」時，很多時會讓青少年感到不公平，感覺家長偏幫弟弟或妹妹，小方可能會出現各類負面的情緒和想法，影響到其日後對待事情或人的態度和方式，減低對人的信任，每遇到事情，便自己作出應對。

回應分析
處境三：老師的處理

面對處境三的情況，老師其實需要處理兩個問題，一個是小明即時的情緒問題（大吵大鬧、踢枱和掉櫈），一個是背後的潛藏問題（受欺凌）。但是老師如果沒有了解清楚，而只集中處理小明當時激動的情緒，不但沒有適當地處理事件，更有機會成為小明的欺凌者。

方式一：恩威型

老師有處理小明的即時情緒問題，亦同時表達了要求他停止破壞行為的要求，而且老師亦注意到背後的欺凌問題，作出承諾去嘗試化解，是一個可行的處理方法。

方式二：放任型

老師對同學即時的情緒表達了關心，但是未有了解背後問題，亦沒有對同學過激的情緒反應有任何改善的要求，對解決欺凌問題難有幫助，甚至會令問題變得愈來愈大。

方式三：忽略型

處理方式沒有嘗試解決眼前的問題（小明在課室內的破壞行為），也沒有意圖去解決背後的欺凌問題。

方式四：權威型

處理方式唯一目的是要解決當前小明的破壞行為，既忽略了小明其實也是受害者，亦欠缺情感上的支援，甚至有一點「向弱者抽刃」（blame the victim）的傾向。

處境四：家長的處理

人與人相處中，衝突是無可避免的，我們沒有能力使其完全消失，惟家長可藉此教育青少年，引導青少年思考與人相處的技巧，從而降低青少年與人發生衝突的機會。

方式一：忽略型

母親就事件未有提供任何明確的指引，事件中兄弟們未能學習到有效的處事技巧。

方式二：權威型

媽媽沒有對事件作出足夠理解的情況下，便胡亂認定哥哥動手應負起全部的責任，這會令哥哥感到受屈，間接破壞母子間的互信關係，亦破壞兩兄弟之間的關係。

方式三：放任型

媽媽於處理兄弟間的衝突時採取放任不理的方式，沒有理會過背後的真正衝突原因（兄弟爭電腦），亦沒有處理過衝突時雙方所需使用的方式是否合適，而只是單純地擔心他們會受傷，衝突並不會因此解決，甚至會為他們日後衝突再升級埋下伏線。

方式四：恩威型

媽媽於處理兄弟間的衝突時，有給予機會讓哥哥和弟弟就事件作出解釋和描述，聽取他們的意見後，再針對爭電腦用的問題和於使用暴力的問題上作出合適的處理，讓兄弟有明確的指引外，也能學習到冷靜處事的技巧。

處理建議

家長如發現子女被欺凌，可根據以下建議作出處理，並安撫子女的情緒，讓他知道被欺凌不是他的錯。

- 協助子女向學校舉報，敦促學校盡快處理欺凌事件。

- 教導子女如何在不使用暴力的情況下，堅定地捍衛自己的利益。

- 協助子女建立校園以外的社交圈子或參與正向的興趣活動，從而提升個人的自信心和社交能力。

老師於處理同學間的衝突時，需要持平地了解事件，協助他們反思自己的行為，以及了解行為背後的原因，切忌偏幫某一方同學。如情況許可，建議班主任每天抽 15 至 20 分鐘，了解學生的需要和對危機作出早期的介入。

　　最後一點，就是當家長或教師認為欺凌的情況已經十分嚴重，例如出現集體欺凌一人，或者已經出現過分的暴力行為時，請不要猶豫向社工或警察求助，讓這些專業人士作危機的介入。

　　而面對單次的衝突時，家長和老師切忌受個人的情緒而影響判斷，明白衝突是十分普通的情況，透過和雙方傾談，嘗試令他們思考自己的行為、有沒有傷害到對方，以及協助他們找出解決問題的方法，希望令他們明白如何能夠和平地處理這些糾紛。

3. 成癮行為

定義及現況

　　每個人也有一些生活習慣及興趣，可能我喜歡行山，你喜歡閱讀，他喜歡打電子遊戲。喜歡做的事，就自然會做得比較頻密，長期不斷重覆做同一件事，本身並不代表成癮，只是成癮的基本條件。除非他出現了以下的情況，才代表那人有成癮的傾向：

- 透過做這件事，去獲得滿足的感覺或減少不良好的感覺。
- 整天都在想著這件事，即使那一刻他應該要專注在另一件事上，例如明明是上課的時間，但腦子裡仍然充滿著電子遊戲。
- 隨著時間過去，需要更多的成癮物質／行為才能夠達到同等程度的滿足感。
- 嘗試減少或停止該行為時，會產生負面情緒反應。
- 當事人無能為力去擺脫想做那件事的慾望和衝動。
- 當事人明知不斷重覆該種行為，會出現很多問題，但是仍然要繼續。
- 重覆進行某種行為，程度已經去到會影響當事人的日常生活。

成癮原因

　　成癮問題是和大腦的獎賞機制有關，簡單而言，每當人感覺到開心，其實都與腦部所分泌的多巴胺有關，而因為身體知道重覆這些行為，就可以得到快感，所以就會增強這些行為。但是當我們愈重覆，腦部這個獎賞過程就會減弱，需要重覆得更頻密，才會得到之前程度的快感。當這個惡性循環到了一個很嚴重的地步，我們將會不能自拔，就成為了我們所謂的「上癮」現象。

成癮行為其實並不限年紀，構成青少年成癮行為的因素，大致有下例兩項：

處理情緒能力未成熟

青少年的心理和思維能力尚在發展階段，所以他們處理負面情緒或對抗壓力的能力也未全完善，會更容易透過成癮行為來逃避壓力和負面情緒。

自制能力不足

和違規行為一樣，青少年思考時，會傾向選擇短期的快感而忽略長遠的後果，這個特質會令到青少年面對成癮的傾向時，更難及時阻止。

青少年需要及發展

處境五 有關處境五的內容，請參閱第 11 頁。

心理發展：出現了幾個成癮行為的徵兆，包括長期重覆（每天打機至深夜）、影響社交及日常生活 （成績變差、經常遲到曠課、不參加課外活動、和同學的交流也減少）等，如發現以上的情況，老師和家人需要提高警覺，留意青少年是否有成癮問題。

成功感：小明醉心打遊戲機，除了尋求快感和刺激外，亦有機會是在現實中有較多失敗經驗，在建立自我認同方面出現了迷失的情況，所以就轉投虛擬世界，希望取得成功感，尋找被認同的感覺，或者逃避現實世界的痛苦。

處境六 有關處境六的內容，請參閱第 13 頁。

心理發展：青少年於青春期，開始對性方面感到好奇，也開始對身邊的人展示愛慕，甚至作出追求，唯對傳統社會來說，「性」是一個較難啟齒的話題，青少年很多時會透過網上的搜尋或是色情網站等途徑獲取相關資訊，如家長不能正視相關問題，與子女持開放的態度探討對性的好奇或作出指導時，青少年會接收錯誤資訊，更有沉迷瀏覽色情網站的機會。

回應分析

處境五：老師的處理

小明表面的問題是經常遲到曠課、成績變差及不交功課，但背後的原因卻是因為他不斷打電子遊戲，如果老師未能察覺小明有這樣的改變，只顧去處理遲到曠課的問題，就只是處理表徵而忽略了小明真正面對的問題。

方式一：放任型

老師只集中處理小明遲到的問題，但就沒有嘗試再進一步查問原因，亦都沒有要求小明改善。老師未能察覺小明因為打機而變得不同，所以也無從判斷他經常遲到曠課的原因。

方式二：恩威型

老師於處理小明遲到的問題時，有表達對其行為表示擔心和了解，同時亦嘗試向小明提出轉變的要求，減少因為打機而影響其他日常生活。同時，老師為小明設立短期目標，不會要求他突然間就完全改變，是一個恰當的做法。

方式三：忽略型

老師不去處理小明的遲到問題，也沒給予任何的情感關心和了解，對小明本身的行為沒有絲毫的幫助和改變。

方式四：權威型

老師不問因由直接處罰小明，也不去了解小明遲到的原因。這或會令小明對回校上課更反感，而更加希望透過打機去逃避和減壓，變相鼓勵他的成癮行為。

處境六：家長的處理

看見子女瀏覽色情資訊，很多家長因為尷尬，會一時不知所措，甚至因而大發雷霆，責備子女。但其實青少年對性有好奇，瀏覽色情資訊是十分常見的現象，當遇到此情況，家長需保持鎮定，明白子女踏入青春期對性方面感到好奇是可理解的，惟需要藉這個機會和子女討論，如何面對自己的生理、心理改變和處理兩性關係。

方式一：放任型

爸爸對於小方瀏覽色情網站一事表現知道而不處理，這不但默許了小方的行為，長時間過去小方會於相關網站接觸到更多的不良資訊，提升其出現性危機的機會。

方式二：恩威型

爸爸首先要小方坦白說出真相，然後就小方對性的好奇表示尊重和理解，表達這是正常現象，再進而分享自己的經驗，並指出成人網站的資訊，很多時也有誤導或偏頗的成分，如果想得到正確的知識，可以直接詢問爸爸，這能向小方表明父母的立場，也能明白兒子於成長上的需要。

方式三：忽略型

家長選擇相信小方，不去探究為甚麼他要瀏覽成人網站，這會失去了一個和子女探討性價值觀的機會。

方式四：權威型

爸爸大怒，用切斷上網來作威脅，要求小方不要再瀏覽成人網站。於處理上，爸爸未能很好地管理自己的情緒，並指責小方的不是，這會令小方產生罪惡感，將對性的好奇和需要收入心底，對有關的疑問也不敢發問，久而久之會建立了一套錯誤的價值觀或性觀念。

處理建議

「習慣」、甚至是「沉迷」並不等如成癮行為。所以家長如果懷疑子女有成癮行為，首先要做的，是要明白每個人都有自己的習慣以及喜歡做的事，不要武斷他們的喜好，必定是屬於成癮行為。

如果家長認為子女真的打機打得太多，或者沉迷在另一件事上，而影響到其日常生活，可以選擇和他們傾談，引導他們去思考沉迷於一件事上的好處和壞處，再以肯定但尊重的方法，去要求他們減少去做。

當家長要求子女減少打機或沉迷於一件事上，家長也有責任與子女一同探索，究竟還有甚麼活動可以去做，尊重子女的想法，不要強加一些建議在他們身上。畢竟你如果只是要求子女不要打機，他們也未必知道除此以外的選擇。

如果發現子女真的有成癮行為的話，請先了解子女成癮的原因，是單單因為追尋快感，還是在其他方面遇到壓力或者不開心，而藉著沉迷一件事去逃避。如果是這樣的話，家長可以先和子女處理這個背後的問題，再看看他的成癮現象有沒有改善。

　　家長亦必須明白，如果子女真的有成癮問題，這並不是一個可以立即解決的問題。家長可以先和子女設立一個短期目標，如果他能夠達成的話，請多讚賞，而如果情況真的太嚴重的話，則可以選擇尋求社工或其他專業人士協助處理。

4. 吸煙 / 吸毒

定義及現況

吸煙和吸毒，其實也是成癮行為的一種，一旦吸煙或吸毒上癮，吸食的分量會隨時間而增加，對身體造成傷害，甚至影響到日常生活。

青少年吸煙，一直是十分普遍的現象，香港吸煙與健康委員會在 2004 年的調查指出，有超過三成的中五學生曾經吸煙，而有超過一成的中五學生更是現行的吸煙者。而朋輩的影響，則是青少年開始吸煙的重要原因，香港吸煙與健康委員會在 1994 年的同類調查中，便指出如身邊有同學或朋友有吸煙的習慣時，他日後成為吸煙者的機會比一般人高 3.9 倍，而認為同學吸煙可接受的比率，亦比一般人高 110%。

和吸煙類似，青少年吸毒的主要原因，也是受到朋輩影響。2007 年禁毒處發表的報告指，受朋輩影響一直是現時吸食毒品的最普遍原因，佔青少年吸毒者 58.2% 至 68.2%。於同一份報告中亦指出，解悶、情緒低落和焦慮也是重要因素，佔 26.4% 至 41.3%。這些因素與青春期成長和應付問題的能力息息相關。

青少年會受朋輩影響吸煙或吸毒，是因為在這個階段中，他們會十分渴望得到朋輩的認同，所以更會傾向模仿朋輩的行為，不拒絕他們的邀請，從而鞏固這份朋輩的認同。

而青少年遇到各種生理和心理上的改變，處理情緒的能力未夠成熟，而思考上會傾向選擇短期的滿足感而非為長遠後果做判斷，所以他們更會傾向以吸煙和吸毒來減壓。

不過，青少年對戒煙的動機，其實比很多人想像中要大得多。香港吸煙與健康委員會 2004 年的報告便指出，有多達 37% 的現行吸煙者希望即時停止吸煙，而中四及中五的現行吸煙者中，更有超過一半希望戒煙。

戒毒的情況亦類似，禁毒署 2007 年的報告指出，近年吸食海洛英的年青人愈來愈少，而「以避免因中斷吸食毒品而感到不適」為吸毒原因的青少年，比例亦顯著下降，由 1998 年的 30.5%，降至 2007 年的 12.4%。另一方面，以「尋求快感或官能上滿足」為由的，則大致由 1998 年的 25.6% 上升至 2007 年的 37.2%。所以，只要能解決青少年的潛在心理需要，他們接受戒毒的意願便會大大增加。

青少年需要及發展

處境七　有關處境七的內容，請參閱第 15 頁。

朋輩影響：根據上述統計資料，大部分青少年出現偏差行為的主因為受朋輩所影響。於處境七中，小明的好朋友小強曾吸煙，因此小明有機會為了得到朋輩的認同而模仿其吸煙行為。

家庭影響：青少年有吸煙的情況，有部分原因是因為家長本身有相關的行為，當發現青少年有相同的行為出現時，未有加以處理，更甚的會容讓子女在家中吸食，甚至會買煙給他們吸食，於青少年眼中，這默許了吸煙行為，也強化了他們吸煙的決心和意欲。

處境八　有關處境八的內容，請參閱第 17 頁。

心理發展：青少年出現不同行為的原因，很多時候是渴望得到來自外界的認同，當中可能包括家庭、社會、朋友、工作及學校等不同的系統。不同的系統均會給予青少年不同的目標和期望，青少年可能會因為能力、心智、興趣等未能達致預期，而形成壓力，並會出現退縮和逃避的情況，部分也有機會參與吸毒的行為。

家長／老師：小方最近出現了一些情況，例如食慾一般、身型變得瘦削，甚至乎自言自語，再加上媽媽在他的房間中，發現到一些疑似吸食毒品的器具，老師和家長於處理相關的行為時，如表現過分激烈，很容易使青少年產生壓力和罪惡感，對長輩的介入出現抗拒和破壞互信的關係。

回應分析

處境七：老師的處理

吸煙行為本是違反校規，老師的職責是要處理同學有關的違規行為，惟同學很多時表示不理解，或是老師對事件之反應較強烈，而出現師生間的衝突，甚至破壞雙方的關係。

方式一：權威型

於處理上，老師表現得不信任學生，在沒有證據下一口咬定小明有吸煙，這樣會影響師生間的互信。

方式二：忽略型

老師放棄處理學生的問題，如果小明真的有吸煙的話，就錯過了一個介入的機會。

方式三：恩威型

老師指出小明有可能吸煙，但先不作判斷，反而是要求小明再想清楚，以及要求他和小強放學後在一個比較私密的空間處理這個情況。這種處理方式明確表示了老師要求停止吸煙行為的要求，但就信任學生，不會未問清楚便斷定小明有吸煙，是一個較可行的處理方法。

方式四：放任型

老師當面提出小明有可能吸煙，但沒有作出任何要求和處理。容易給學生一種錯覺，以為只要不在老師面前吸煙就沒有問題。

處境八：家長的處理

　　青少年於某段時間身型無故瘦削、自言自言或是情緒較以往低落等，的確讓人擔心，如果家長在家中找到疑似吸食毒品的器皿，便很大機會會斷定或擔心子女有吸毒的情況，惟過分的反應不但不能解決問題，反之會令到子女產生罪惡感和不敢於父母面前表達吸毒的原因及需要。

方式一：放任型

　　媽媽於事件處理上曾表達對小方疑似有吸毒感到大為擔心，惟沒有再就行為作出了解及與小方設立相關規範。

方式二：恩威型

　　媽媽嘗試引導小方説出真相，而且即使小方真的有吸毒，媽媽也沒有過分怪責他，反而嘗試和他一同去處理這個問題，不會要求他立即徹底戒毒，是一個恰當的做法。

方式三：忽略型

　　媽媽無視所有環境證據，對小方疑似吸毒的行為表現出不回應和不處理，這會錯失了一個及早介入和危機處理的機會。

方式四：權威型

　　媽媽毫不理會小方為甚麼會吸毒，只管不斷的責罵小方，又以斷絕關係為威脅，威迫小方要立即戒毒，媽媽只是向小方作出情緒的發洩，而不是針對問題的需要而作出相應的處理，另外，這樣亦給予小方極大的精神壓力。這種情況可能會導致小方跟父母關係決裂，甚至離家出走，令問題變得更複雜。

處理建議

　　吸煙和吸毒都顯然對身體有害，這點其實大部分的中學生也是知道的，所以才會有比例那麼多的吸煙學生有戒煙的意圖。換句話說，大部分學生知道吸煙、吸毒的禍害，但仍會去做，必定是有其他對他們來說更有力的理由。所以當家長發現子女吸煙或吸毒的話，其實並不需要不斷跟他們重覆吸煙、吸毒的禍害，而是要詢問他們這樣做的原因，協助他們處理行為背後的問題，降低青少年的抗拒，這樣才能更有效處理問題。

　　其次，無論是吸煙或吸毒，上癮的原因很大程度上都是因為當中的化學物和心癮，所以，要求他們立即戒除煙癮或毒癮，幾乎是不可能的事。家長或老師要做的，是解決令他們吸煙、吸毒的背後原因，同時協助他們制訂一些戒煙或戒毒的計劃，當中需要包括一些切實可行的短期目標，例如刪除與毒販的聯絡，或者是每天減少吸煙的數量等，用讚賞和鼓勵來代替批評，這樣可以令青少年更加有決心去戒掉煙癮或毒癮。切忌將個人的負面情緒帶到問題的處理上，因為這不但沒有處理問題，更會破壞雙方關係，增加日後處理的困難。

　　最後而最重要的，就是吸煙、吸毒當然是不當行為，但是家長亦不宜對此過分批判，不斷去痛罵他們的子女。需知道子女選擇吸煙或吸毒，背後一定有自己的原因或苦衷，切忌將個人的負面情緒帶到問題的處理上，因這不但沒有處理問題，更會破壞雙方關係，增加日後處理的困難。

總結

　　青少年於成長階段，生理和心理均會出現巨大的改變。身體和腦部迅速發展，青少年的認知、語言能力、記憶力、決斷力等亦逐步建立。他們開始建立自我價值觀、確立自我身分、思考和跟隨社會規範。

　　於個人身心發展、朋輩的相處、長輩的指導、學校的教育、家庭管教模式和生活的不同經歷的薰陶下，青少年會發展出各樣的思考和處事的模式。部分青少年於成長過程中若欠缺有效的指導，或受不良影響，其出現違規違法行為的機會便會大大增加，青少年的違規違法行為背後正正反映他們的成長需要未及滿足。家長或老師於處理他們的行為問題時，需要保持冷靜，以正面及接納的態度先了解他們行為背後的動機及原因，再尋求正確的方法協助青少年作改進。

　　處理青少年的行為問題過程漫長，有時他們的改變亦有波動，家長和老師均需要保持積極的精神和耐性，以恩威型的管教模式給予青少年指導和支持，推動青少年健康成長。

第二部分
青年故事

從波折到奇蹟

阿藍

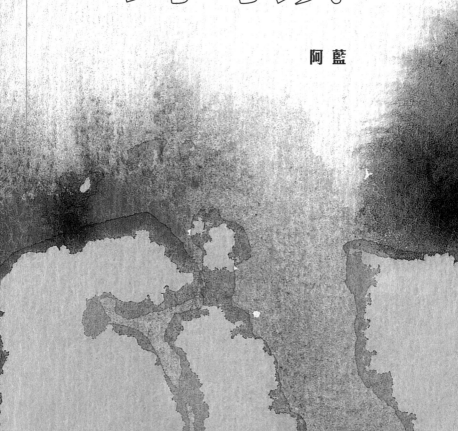

一場波折？

那是一個很普通的晚上，普通得你不會記得的那種。我正在睡覺，而且睡得很好，反正也沒有甚麼要擔心嘛，明天還是上學就是。

然後門鐘一響，改變了一切。

媽媽焦急的拍醒我，說有警察上門，要拘捕我。

拘捕我？

我完全嚇破了膽，我犯了甚麼法？衝紅燈嗎？還是沒有讓座？我究竟是犯了甚麼法？

「自稱三合會成員。」

拘捕我的警察如此說。我更驚恐了，我甚麼時候有自稱三合會成員？

落口供的時候，警察跟我說，一年前有卧底到了一間有背景的酒吧，說我在那天說了句「我係阿雞XXX的人」，所以犯了自稱三合會成員罪。

……原來如此。

雖然我拼命否認，但由於卧底這樣說，所以還是避不了。

當時的我，還是個未夠18歲的黃毛小子，突然面對這個指控，有的只是驚慌，怕自己要坐監，但更驚慌的，是自己會不會給爸爸媽媽痛罵。

幸好，雖然罵是真的罵了，但只是怪我怎會有這些朋友，他們是相信我的，信我沒有做。

牢獄之苦

父母為我請了律師在庭上抗辯。可惜，法官最後還是相信臥底的說法，判了罪名成立，要先行還押，等候感化報告。

大家平常看報紙，也會經常看到先行還押，等候感化報告之類的報導，但你們又知不知道，這短短的十個字，代表著多大的痛苦？

說實話，我也不知道，直至正式踏進拘留所的那一刻。

因為犯法時，我還未滿 18 歲，所以進的是少年拘留所。對於我這些等待判刑的犯人，要進行的活動，基本上只有一個——步操。

那時是夏天，猛烈的陽光直照到頭上，一班少年犯在嚴密的監管下，一起訓練步操。教官的要求極高，只要一做錯就會被痛罵。

還不止。

在拘留所的第一餐，是鯪魚菜飯，但不知是不是來到了一個陌生又害怕的環境，我真的、真的吃不下去。但是那天我由法庭離開開始，整天也沒有吃過東西，已經餓極了，雖然吃不下還是要吃。到現在我還記得那個滋味：每次放那堆東西入口，都有作嘔的感覺，但還是要死忍著，花盡一切的力氣，嚥下去。食，再不是一種享受，只是延續我的生命、延續我的痛苦。

明明我的生活這麼安穩，為甚麼會突然間來到這個地獄？

歸於平淡

經過了收押所的日子後，法官最後判一年感化。雖然仍然覺得受屈，但總算逃離地獄。

父母心裡是很介意的，但已經用了一大筆錢去打官司，再加上律師認為機會渺茫，所以最後還是決定放棄上訴。

進收押所的時間，正值是學校的暑假，雖然避免了缺課，但還是缺席了暑假的所有補課，加上被判了罪成，學校一度想踢我出校。

一路以來，我成績雖然不算優秀，但也絕對不差，不要説是趕出校，連留班的危機也從來未有過。為甚麼卧底一句説話，就要把我的一切奪去？

幸好，我的父母，堅持站在我的一邊。

我們回到學校，跟校長力情我的情況，再加上求情求了很久很久，最終校長同意，讓我留在學校繼續讀書，但就要留班重讀。

雖然是不甘心，但同時也很感思。因為至少，我還能有一個機會。

因為感化令，我每個月都要見一次感化官，加上收押所的體驗還歷歷在目，所以之後的幾年，我都戒絕了任何夜生活，專心讀書，過了幾年平淡的日子。

迷失

高中的生涯匆匆過去，文憑試的成績普普通通，所以我選擇了去 IVE，進修基礎文憑。

基礎文憑讀的是酒店管理，原因並不是因為我喜歡酒店，而是對其他更沒興趣，也覺得完全不適合自己。

很快一年又過去，基礎文憑又畢業了，那時的我面對兩個出路：投身社會以及繼續進修。

進修讀高級文憑的話，一年要幾萬元的學費，對我們家來説是個很重的負擔，而且全英文的學習，也不是我的能力所及，所以我沒有選擇繼續讀書。

而我又沒有甚麼特別的興趣，不知道有甚麼工作適合自己，讀了這一年書後，也未開始有甚麼動力去找工作，所以我也沒有選擇投身社會，找全職的工作。

我選擇了第三條路：賦閒在家，先休息一會兒再算。

說是休息，但其實我心裡十分迷惘，沒有想做的事，也沒有要做的事，只是慢慢地，看著光陰一天一天的流走，然後又開始無所事事的一天。

她的毒海

說是無所事事，但也要找點事做才行。我間中也會做一點兼職，加上媽媽仍然會給一點零用錢，所以在金錢上，我是沒有壓力的。

那一點點的兼職以外，生活最大的樂趣，便是跟朋友到酒吧喝酒、談天，一班人一起，時間比較容易過。

酒吧裡，總不會每個人都認識，但拿著酒杯，傾談幾句，就自然會成為朋友，所以在酒吧的日子裡，結識到不少新朋友，包括她。她是我朋友的朋友，剛巧在酒吧遇到，我們談得很投契，很快就熟悉起來，由朋友的朋友變成朋友，再由朋友變成女朋友。

跟她拍拖一年的日子裡，雖然生活依舊頹廢，但總算有個人陪伴。一切都好像很美好，但一次無意看到她手機，就把一切的幻象撕破。

不記得是不小心還是八卦，我打開了女朋友的手機，在通訊軟件中，竟然發現了她買毒品的訊息，還有和朋友相約去吸毒。

那個「竟然」，是現在加上去的。

那時的我，發現了女朋友吸毒，其實沒有太大的驚訝，和她，還是如常地交往，如常地拍拖，只是她知道了，我知道她有吸毒的習慣。

有一天我們去飲酒，飲得有點醉又不想回家，所以就到了她家裡。她在家裡，竟然又拿出了一些毒品，問我有沒有興趣試一試。

同樣地，這個「竟然」，也是現在加上去的。

我答應了和她一起吸毒，這是我初次接觸毒品。之後每次吸毒，都是女朋友邀請我，甚至請我吸的，不過這個日子不太長，只維持了個半月。

因為我又一次被捕了。

再來一次

又是平凡的一天，女朋友相約我去朋友家吸毒，就在朋友家的樓下，我們坐的的士被警察截停，警察突然間從各個方向湧過來，說我和女朋友有可疑。經過一輪搜索後，他們在我身上發現毒品，於是事隔幾年後，我再一次被拘捕。

再一次被拘捕，除了驚恐以外，心情更多是內疚。因為這一次，真的是我做錯了。

我不想父母擔心，不想父母浪費金錢為我打官司，所以我胡亂編了一個故事欺騙他們，又想趕走過來幫忙的律師，想自己受刑坐牢了事。

但是我的父母，卻仍然四處為我奔波，第二天，不知道為甚麼，媽媽獲批准來見我，見面的過程中，她說得最多的，就是「現在我要幫你」、「不惜一切，也要把你保釋出來」、「現在不是追究責任的時候，也不用擔心金錢的問題」。

為甚麼父母要這樣子為我呢？ 我的心更內疚了！

律師也慢慢跟我解釋，事情並不是這麼簡單，如果販運毒品真的罪成的話，面臨的是最少兩至三年的監禁，加上警察又開始透露會拒絕我的保釋，直接把我關在羈留所至少六星期。我開始怕，開始知道自己一時衝動的後果是多麼的嚴重。

我的態度也開始軟化，願意和律師合作，把事情的經過始末完完整整的說出來，希望先闖過第一關──保釋。

保釋

安排保釋的時候，律師提出以港幣二萬元保釋金，再加上我媽媽港幣二萬元的人事擔保，作為保釋條件。法官經過一輪考慮後，拒絕了我的保釋。

我的心一沉，低頭回到法庭的羈留室，準備再次回去那個地獄。

怎知道，過了廿多分鐘，法官突然傳召我回法庭「補簽文件」。回到法庭才知道，原來法官聽漏了媽媽人事擔保的條件，重新考慮這個因素後，決定容許我保釋候審。

我呼了一口大氣，這是我人生這麼多年來，第一次聽到的「好消息」。可是我的心情一點也好不起來，因為我知道家裡窮，二萬元的保釋金，絕不是輕易能夠拿出來的。更重要的是，我知道自己的行為，又一次令父母失望。

保釋出來後，我知驚了，知道不能夠繼續以前的生活，便下定決心，把電話號碼換掉，也刪掉和酒肉朋友所有社交平台上的聯繫，為的，就是要徹底捨棄舊日的生活。

捨棄舊日的生活，當然也包括捨棄毒品，我參加了自願的社區戒毒，希望可以在最短的時間內戒除毒癮，而事實上，自從被捕後，我一次也沒有再吸毒。

為了給法官一個好印象，也為了重塑自己的生活，我用最大的努力，用一個星期的時間，就找到了一份廚房的工作。那時是 11 月，但天氣卻仍然反常地熱，酷熱天氣下在廚房工作，對我這位已經頹廢了很久的人來說，是有一萬個不適應，可是為了官司、為了父母，我沒有放棄的餘地。

再一次感化

在律師努力的辯護下，我的罪名由販運毒品變成藏有毒品，但雖然如此，我也做好了心情準備被判監禁。

但在宣判之前，法官給了我一個最後機會，先把我收押 14 天，再聽取一次感化報告。

奇蹟，簡直是奇蹟。

再一次走進收押所，感覺得和第一次完全不同，一來是因為我已經滿 21 歲，不再是少年犯，二來，是今次走進來，是帶著希望的。

審訊期間生活的改變，以及我反省的態度，給了感化官很正面的印象，所以法官也順應了感化官的報告，判了我感化一年，但期間如果再犯跟毒品有關的罪行，就要進戒毒所接受自願戒毒。

第一個感覺，當然是開心。但隨之而來，是知道這是最後機會，我再也沒法承受第三次的拘捕，因為我欠父母的，實在是太多太多。

在判感化後，我轉到了地盤工作，希望可以賺多點錢，早日替父母還清打官司的債。我亦十分珍惜和父母的關係，在工作以外，盡量抽多點時間陪伴他們，因為經歷了這些風浪後，我明白人生中最重要的就是家人，只有他們，才會願意這樣無條件的支持你走過高山低谷，雖然好像很老土，但這是真的。

孝順父母，
不要令他們失望。

一阿藍

真正的

勝利

小智

「點解要入黑社會？
巴閉囉！英雄主義囉！叠馬囉！」

耳熟能詳的對白，給你一個真人版又如何？

小智小學的時候，已經是黑社會電影系列的粉絲，對白、情節都琅琅上口。但那時的他，不知道原來這個世界真的有電影那些黑社會，更不知道，自己會成為下一個「陳浩南」。

升上中學，沉醉於古惑仔世界的小智，當然在學校惹事生非，不料有一次，卻打著了校內惡霸的弟弟。

「小智，現在給你兩條路，一就是回去乖乖讀書，不要再惹事生非，但如果你還想繼續玩，在學校有點地位的話，你就跟我吧！」

乖乖讀書？不要説笑啦。

「我唔妥你，我可以打你。我唔鍾意你，我又可以打你。」

現實的黑社會，和電影一樣，都是靠「打」出頭。

好勇鬥狠的小智，很快便靠一雙拳頭，在區內打出名堂，名氣大得竟然遭另一個社團挖角，還要是力排眾議，堅持要他過來那種挖角。

「做古惑仔嘅，每個人都係三更窮五更富㗎啦。」

名聲有了，手下有了，小智最缺的就是金錢。畢竟靠一雙拳頭，是不能賺到錢的。所以小智就開始向社團內叔父打聽，看看有甚麼「工作」可以做。

最初小智做的，是一些收數的工作，容易是容易，但幾百元的酬勞，夠小智日常使費，還是夠他們手下的使費？小智開始鋌而走險，涉足其他更高風險的犯法勾當。

　　小智的「生意」慢慢愈做愈大，錢也愈來愈多。可是收入多，支出就更多，要人們叫你一聲大佬，飲飲食食的開支，自然就要一力扛上身。而且錢來得快、去得快，小智就壓根兒不當是一回事，花花碌碌的鈔票，對他來說，其實只是一堆沒有意義的廢紙。

　　悶。

　　黑社會的「活動」，離不開飲酒、玩樂以及四處流連，過一天半天這種生活，可能會覺得很爽，但經歷了四五年的小智，感覺卻只有一個字——悶。

　　小智的軀殼好像沒有了靈魂似的，每天起床都不知道自己在做甚麼、不知道自己要做甚麼。每日要消磨 24 小時，很悶、很辛苦。他開始感覺到，如果沒有了非法勾當的收入，自己只是一個沒有用的人，甚麼都不是。

　　「做古惑仔嘅，就預咗一隻腳入監房，一隻腳入殮房。」

　　身為黑社會，被警察盯上是例行公事吧，小智第一次被捕，是因為非法集會。

　　第一次被捕，小智的父母都十分緊張，過來保釋小智時，都急得快哭了，小智還會扮扮可憐，說自己是無辜的。

　　但慢慢，一切就像變成例行公事般，變得「平常」。

　　有次小智如常地被捕、如常地致電父親，但換來的，卻是整晚的等候，以及父親放下保釋金後，頭也不回地離開。

　　「死嘞，唔通連爸爸都唔理我？」

　　小智心中，其實還是著緊的。

電影中，陳浩南的父母是上了癮的賭徒；現實中，小智的父母卻是不折不扣的廿四孝家長。

可惜，在小智眼中，父母無微不至的照顧，只換來一個字——煩。

煩，當然是來自父母規管小智的生活，但另一方面，煩，是因為小智已經將父母的照顧視為平常，以為是理所當然的。

所以即使小智第一次被捕時，無論他的父母如何撕心裂肺，小智也感受不到，依然繼續混廝下去，依然去揮霍父母的關心。可是，父母也是人，也會有心淡、心碎的一天。

父親放低保釋金，頭也不回的一刻，心其實是痛的，但他已經想不到還有甚麼話可以告訴小智，他已經想不到，怎樣再去面對這個情景。

但正正是這個情景，震撼了小智的心：他猛然發覺，父母再愛自己，也會有心淡的一天。江湖上的「朋友」來去如流水，今天稱兄道弟，明天又會反目成仇，唯獨是自己的父母，才會不問回報的支持自己，如果連父母也心淡離開，這個軀殼的意義，還剩下甚麼？

每區的反黑，都有一個「小頭目名單」，警察會特別留意這些小頭目的動向。這次小智又被拉往警署，但今次來得很特別，因為今次，一位反黑的警長叫了他入房，説要和他「講經」。

「我由第一次拉你，你屋企人喺度，到上次拉你，你屋企人一個都唔喺度，得個社工喺度，你自己覺唔覺得心寒？小智，你唔細喋啦，18歲啦，大個仔嘞。你下面係人多呀，但你屋企人，會唔會緊要過你下面啲『嘅仔』呀？你有冇諗過，點解你屋企人，會由咁緊張你，變到望都唔望你一眼？」

　　小智第一次面對反黑，完全沒有想還口的感覺，因為他羞愧得無地自容。因為警長真的罵得很對，自己一次又一次的做錯，令到連最親、最痛錫自己的家人，也再按捺不住。小智第一次覺得：我做錯了！

　　一天晚上，小智收到電話，手下又在外面生事，要他收拾場面。小智沒有多想，隨手便拿起像短棍般的大型電筒，就準備出門。

　　突然，小智感覺到，有一隻柔弱的手，嘗試用盡全力拉住他。

　　是媽媽。

　　小智還不及轉身，媽媽的眼淚已經失控般掉下來。

　　「求吓你，唔好再出去啦，你知唔知你每次出去，我都瞓唔到。求下你，唔好再攪我啦！」

　　小智做了十幾年人，從來未見過媽媽如此嚎哭，哭得徹底的不顧儀態，尊嚴、期望，一切一切，都在哭聲中給絞碎了。

　　小智最後都甩開了媽媽的手，出去營救自己的手下，可是他的心，卻重得像鐵一般，很痛，很痛。

　　所以小智暗忖：「這是最後一次。」

　　「銅鑼灣『揸 fit 人』吓嘛，好巴閉呀？

　　你知唔知佢大佬畀人殺咗咗佢救唔到；

　　你知唔知佢親眼睇住佢女朋友死，佢都救唔到！」

　　電影中的陳浩南拯救不了自己的女朋友，現實中的小智也峇不住自己的女朋友。

　　小智的女朋友，經常都因為小智身在黑道，而跟他吵起上來。她很怕，一天起來，自己的男朋友會被判監禁 10 年、20 年、甚至更長，「未來」在她眼中，簡直是想也不敢想。

直到一日，他們終於不再吵架。

因為，他女朋友離開了他，跟了一個髮型師一起，她說，髮型師，好歹也是一份正當職業。

小智崩潰了。

這個時候，小智遇到一位以前一起出來玩的舊朋友，一番寒暄之後，發覺他在做搬水工人。

「試試看吧，500元一天。」他邀請小智。

小智想著他剛分手的女朋友，決定試試看。

從來未試過體力勞動的小智，經過一天的工作之後，辛苦得連話也說不出來。放工的時候，他想起今天只得500元人工，心想以前他甚麼也不用做，一天也不止500元，為甚麼現在要這麼辛苦？

可是，他第二日、第三日仍然繼續上班。

第一次出糧的時候，捧著自己的人工，小智第一次感覺到，這些錢是用自己的努力換回來的，他很珍惜，不捨得去花這份糧，哪管這個數目，他以前不到一晚就能用光。

古惑仔轉正行，自然會受到不少白眼。

還記得最初轉正行的時候，小智用自己的人工，買了一個名牌袋。街上的便衣探員看到這個名牌袋，立刻便質疑這是用在黑社會賺來的錢買的，又再三提醒他不要再滋事。

小智明白，這是因為自己以往的行為建立了這種形象，除了無奈，以及再三跟警察堅持他已經沒有再沾手黑社會的事外，唯一的辦法，就是繼續堅持做正行，讓人改觀。

　　昔日的小頭目，變成了一位搬水工人。小智不能追回已分手的女朋友，卻換回跟父母的關係。飲飲食食的朋友離開了，留下的朋友，都是真正關心小智的。

　　雖然小智已經淡出江湖，但他舊日的手下，仍時有攪事，所以便衣探員依然時不時會找小智。

　　但今時今日，小智終於可以挺直腰板，對著警察説：「我已經做返正行，唔關我事。」

　　小智終於明白，行得正，企得正，才是真正的勝利。

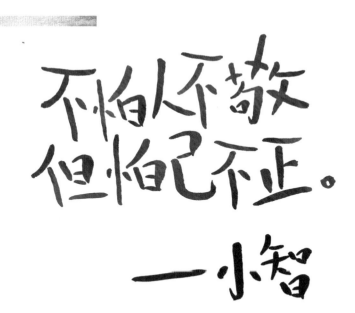

不怕人不敬
但怕己不正。

一小智

拳皇

之路

KENNY

在拳館之中，總是能找到 Kenny 的身影：他的個子有點胖，可是身手卻非常敏捷，更醉心於泰拳練習之中。但原來他也曾經有一段迷失的時間。

單親童年

Kenny 是一段中港情緣的結晶品：在香港土生土長的爸爸，娶了一個內地媽媽，二人結婚後，媽媽來了香港，生了 Kenny。可是這段中港婚姻，開了花、結了果，卻不能笑到最後。文化差異、生活習慣的不同，令二人最終走上分岔路，導致離婚收場。媽媽離婚後更回到內地，不再留在香港這個傷心地。

當時只有八歲的 Kenny，頓時失去媽媽的照顧。他跟爸爸、哥哥一起回到了嫲嫲家中，因為爸爸要出去工作，所以湊大他們兩兄弟的任務，就交了給嫲嫲負責。

「嫲嫲當時並不怎麼管我們，所以我經常都會走出街上玩。」Kenny 說道。

Kenny 的爸爸，本身也是一個十分隨性的人，別人家的小孩都被催谷溫習，默書要拿一百分，Kenny 的爸爸卻反而著他不要太過緊張，也從不催促他溫習，只叫他把功課做完就可以。所以 Kenny 的爸爸，也不大介意 Kenny 到街上玩。

Kenny 小時候和哥哥的關係不是很好，經常打交，所以 Kenny 就更不喜歡留在家中。補習社、球場，通通都變成 Kenny 的遊樂場，而這個時候，他就認識了生命中其中一個最重要的朋友——阿哲。

「我小二的時候在補習社認識阿哲，他比我大三年，就像我的另一個哥哥般。」

自始之後，Kenny 與阿哲就形影不離，一起打機、一起打籃球，一起在邨內聊天，阿哲成為了 Kenny 其中一個最要好的朋友。

夜蒲之路

Kenny 小五的時候，阿哲已經是一個中學生，朋友多了，而其中一班，是我們常常說的「MK 仔」。

「他們全部都染了不同顏色的頭髮，又紋了身，那時看到覺得很恐怖，不敢接近他們。」

偏偏阿哲就十分喜歡跟這班「MK 仔」廝混，整日都跟著他們流連，不敢跟隨的 Kenny，就唯有慢慢疏遠他們。但不到半年後，Kenny 還是開始跟著他們在街上流連。

「因為太悶了，打機又打得很悶，又沒有其他東西可以做，阿哲又在這邊，唯有跟著他們吧。」

於是 Kenny 的生活，就出現了一些漣漪，出入的地方由球場跟補習社，變成大型商場，行到舖頭關門後，大夥兒便到後樓梯食煙。雖然如此，那時的 Kenny，還未開始食煙。

「其實我不是很享受在街上流連的生活，但至少走到街上，曾有朋友陪我。」

升中的暑假

Kenny 真正開始「學壞」，是在小六升中一的暑假。

兩個月的假期，沒有暑期功課，以前的同學又各散東西，平日悶得發慌的 Kenny，更加無所事事。所以，每天到街上流連，成為了他的指定動作。他最初開始接觸的，是食煙。

「看了他們食煙這麼久，令我也開始很好奇，究竟食煙的感覺是怎樣的、煙是甚麼味道的、將煙噴出來的感覺又是如何？所以我就主動問他們拿煙，嘗試吸煙的感覺。」

就像打開了潘朵拉的盒子一樣，這段時間的阿俊，開始做著各樣「反叛」的行為。

「平日最常做的，就是食煙、飲酒、談一下天這樣。如果看見不順的人，就會和他們互相怒目而視，又會經常去商場做惡作劇，踢跌、整壞街上的告示牌這樣。」

這個時候的 Kenny，已經被同化成為他最開初並不喜歡的「MK 仔」。

天生天養

「爸爸沒有罵你嗎？」我的第一個反應是。

「沒有的，他不知道。」

升上中學後，Kenny 初初跟同學的關係不太好，有點給人排斥，令他更依賴阿哲那邊的「MK 仔」圈子，而他的膽子也愈來愈大，直到有一次，他跟一個高年級的同學，差點大打出手。

那時的 Kenny，和那位高年級同學爭奪同一位女生的歡心。恰巧，Kenny 的一位朋友，又偷了高年級同學朋友的東西，新仇舊恨大交集，

一時火星撞地球，雙方初則口角，繼而愈吵愈勁，差點大打出手。

最後沒有真的打起上來，是因為他們當時身在學校，驚動了老師。他們叫來了 Kenny 的爸爸，跟他説如果再犯，就會以停學處理。

滿以為 Kenny 的爸爸會大發雷霆？結果令人大跌眼鏡。

「他沒有罵我，只淡淡的跟我説了一句下次不要再這樣，就由得我繼續打機，好像沒有甚麼大事發生一樣。」

就是這樣，Kenny 就繼續這樣的生活，直到中一學期尾。

毒品誘惑

Kenny 中一下學期時，阿哲在朋友的驅使下，不幸染上了毒癮，而且最誇張的時候，更試過問 Kenny 借錢吸毒。

「那你有試過吸毒嗎？」 我問 Kenny。

「沒有。」

Kenny 不是沒有受過誘惑，阿哲開始吸毒後，曾經多次邀請 Kenny 一起嘗試，但是 Kenny 每次都堅決拒絕，原因是因為一次很深刻的經歷。

「我知道阿哲一路也有吸毒，但是親眼見到的，就只有一次。那次我去找他，在後樓梯看到他全身顫抖，瑟縮在一角。我問他是否吸了毒，他説是。那次的經驗很震撼，看到阿哲吸毒後的反應，令我更堅決不會吸毒。」

而估不到的是，學校教育，也在這事上記了一功。因為 Kenny 就是在中一的時候，在課堂上認識到毒品的壞處，令他知道，毒品是惹不得的。

「用幾百幾千元，才能『開心』得那一陣子，我不如去打機、出街玩樂更好。」

生命影響生命

Kenny 堅持不接觸毒品，後來更影響到其好朋友阿哲，令他脫離毒海。

「那個時候，阿哲剛剛打了人生第一份工，是份倉務工作，出了第一份糧後，他便問我，想要甚麼禮物。」

這時的 Kenny，給了阿哲一個意想不到、更想不到是出自 13 歲少年之口的答案。

「我跟他說，禮物我就不要了，不如你應承我不要再吸毒，把錢留起來，自己用又好、買些東西給父母又好，總之不要再吸毒了。」

我聽到的時候，也有點驚訝，何況是當時的阿哲？

「他足足有兩三分鐘不能說話，但之後用更肯定的語氣跟我說：『好，我應承你！』」

之後阿哲真的遵守諾言，沒有再吸毒。

接觸泰拳

Kenny 初初接受泰拳訓練，是在 13 歲的時候，但第一次和泰拳產生關係，就是在小學。

「那時候看電視，見到在選『香港先生』，而其中一位參賽者就是選擇以泰拳作為表演項目，爸爸看到之後就問我有沒有興趣學泰拳，我怕辛苦拒絕了。」

小學的時候怕辛苦沒有學，但之後親身試過之後，Kenny 就愛上了泰拳。

「第一次練習，是因為社工的推薦。還記得第一堂的時候，學習出拳、踢腿這些基本功，雖然真的很累很累，但是好好玩，令我很想繼續練習。」

Kenny 在小學的時候，其實也有打籃球，為甚麼會覺得泰拳特別辛苦？

「泰拳辛苦在體能的要求特別高，雖然以前也有打籃球，籃球主要要求的，是不斷奔跑的能量，但是泰拳要求的，是要全身的力量，還要講求全身動作的配合，真的很不同。」

Kenny 還說過，最累的時候，試過身體酸軟了兩三天才能恢復，但仍然急不及待要去練習。

新生活

泰拳成為 Kenny 真正的興趣，也令他與過去的荒唐生活絕緣。

「我跟阿哲說，以後不要和那些『MK 仔』再來往了，不如跟我去練泰拳吧！」

阿哲沒有跟 Kenny 去學泰拳，但也確實遠離了之前的「MK 仔」朋友，戒了煙，過著比較健康的生活。

泰拳對 Kenny 的影響，並不只是興趣那麼簡單。

「從前我不知道自己的生活意義是甚麼、目標是甚麼，所以只是渾渾噩噩的過日子，但是接觸到泰拳之後，我找到了一件可以全心投入的事，找到了一個人生目標，這種感覺、這種滿足，是我從來都未有過的。」

Kenny 學習泰拳的第一個目標，是希望可以上擂台。

「由我第一天學習泰拳開始，就很希望可以上擂台，在觀眾的歡呼聲下，打一場激烈的比賽。比賽的結果不是最重要，最重要是可以享受在擂台上揮灑汗水、受全場注視的感覺。」

為了這個目標，Kenny 艱苦鍛鍊，即使訓練再多再辛苦也不怕，為甚麼他會如此醉心於泰拳？

「泰拳是我的生命，因為它，我找到奮鬥的動力。」

一生可以找到一件值得自己奮鬥的事，這份喜悦，相信只有體驗過的人，才可以真正的明白到。

勿以惡小而為之，
勿以善小而不為。

——Kenny

沿途

有你

颂苹 & 卿卿

頌苹：

我是頌苹。

你知道一天只可以用 20 元的滋味是甚麼嗎？

我知道。因為我每天的飯錢連零用，只有 20 元，平均一餐只能用 10 元。

10 元是甚麼概念？可以買一個麵包、或者一碟腸粉，想買飯？十年前或許可以。

我只想要一頓飽飯，為甚麼這樣困難？

幸好還有卿卿，我最好的朋友，生活才還有一點色彩。

卿卿：

我是卿卿。

我每天有 50 元零用錢，平日吃飯坐車是可以的，但是再想做其他事，錢就不夠用了。

想再問家裡拿零用錢？還敢嗎？家裡已經這麼窮。

幸好還有頌苹，我最好的朋友，和我一起捱過這段最窮的日子。

頌苹：

我的爸爸已經八十多歲，沒有工作而且體弱多病，經常都要出入醫院。老實說，當爸爸要去做手術時，我是擔心的。可是平日的他，實在是太煩了，而且對錢很著緊，明明沒有那麼拮据，卻每天都只給我 20 元飯錢。

　　媽媽在國內出生，是家中的經濟支柱，靠著每個月 7000 元的人工支撐著我們的家。她的思維很保守，對其他人和事十分不信任，很難溝通，所以我們的關係也很差。

卿卿：

　　我的爸爸七十多歲，身體還不錯，但是已經退休，在家中無所事事，而且對待兒女的方法也很古老，很小事情已經罵得我不似人形，我經常都跟他嘈得面紅耳赤，磨擦不斷。

　　和頌苹一樣，我媽媽也是家中的經濟支柱，靠兩份兼職支持。她見我經常出夜街後，便認為他們是壞朋友，又在我面前說他們的不是，但在我不開心的時候，媽媽會像我的朋友般支持我嗎？

頌苹：

　　我認識卿卿，是在小學的時候，當時我經常在公園流連，常常見到卿卿路過，於是便開始找她傾談。慢慢地，我們便成為了很要好的朋友。

　　但不要以為我的性格很外向，其實我很怕陌生人，又不敢跟人說話，其實我內心，是很希望可以有多點朋友的，因為在家中實在沒有可以傾偈的人，在學校又很少說話，沒有甚麼人會理會我。如果不是卿卿的話，我也不會認識到這麼多的朋友。

卿卿：

　　我認識頌苹，是在小學時。那時在離開補習社的時候，往往看到有位女孩坐在公園，於是便和她攀談幾句，怎麼也估不到，她會成為我最好的朋友。

　　很多人也說我們是兩姊妹，而我就像頌苹的姐姐。或者是的，因為平時我也會為她解決很多疑惑，而且我的性格比較外向，會主動和人傾談熟絡，很多朋友也是我介紹給頌苹的。但是一去到要到甚麼地方吃飯、或者是要買甚麼衣服的時候，我就總是舉旗不定，要頌苹幫我一把。

頌苹：

　　初中的生活，悶得發慌。

　　在學校沒有人跟我談話，又不想回家，唯一的娛樂，或者唯一的依靠，就是卿卿。她會帶我到屋邨的公園，在那裡認識不同的朋友。我們經常一起談天，談到深夜甚至天光。然後，我們開始一起食煙，燃點著香煙，燃燒我們的時間，燃燒我們的青春。

卿卿：

　　初中的生活，彷彿只有吃飯、傾偈、睡覺。

　　在公園認識了一班其他人眼中的「不良少年」，每天的生活就是夜晚出來玩，玩到天光的時候才回家睡，睡醒已經又是夜晚，又再出去玩，每天如是，那時候當然覺得很爽，但是現在回想，這種漫無目的的生活，其實只是因為當時沒有其他事可以做，才會覺得那是享受。

頌苹：

我第一次偷竊，是在小學五年級的時候。

那次我到文具店，偷走了一些鉛筆擦膠，給老闆當場捉住，人贓並獲。

那時老闆打電話叫我的父母過來，痛罵了我一頓以後，他說給我一個機會，於是便放過了我，沒有報警。

自此之後，我就沒有再偷東西——直到中一。那時候每個夜晚都出來玩，又沒有錢買東西，一時貪念之下便開始偷，不論是超級市場還是便利店，只要見到想要的東西便偷，香口膠、薯片、杯麵，甚麼也偷，那個時候還覺得這是「節儉」。

卿卿：

我第一次偷竊，是在初中的時候，其實那次我並沒有參與偷竊，只是負責「睇水」。

我站在便利店的門外，看著朋友大模斯樣的把各種東西「拿」出來，店員都沒有發覺，心想那些店員不會那麼蠢吧，但最後他們真的沒有被發現，很輕鬆便離開了。那次之後，我的戒心全消，很快便加入了他們偷竊的行列。

當時的我心想，偷竊這麼容易，應該不會給人發現的吧……

頌苹：

　　雖然我也有份偷竊，但是其實我心裡也很擔心，我們偷東西偷得這麼頻密，會不會終有一天出事。

　　果然，很快卿卿便失手，被警察拘捕了。我一方面覺得自己有點幸運，因為在她們那次偷東西之前，我剛巧有事離開了，但另一方面我感到的是加倍的不幸，因為我最好的朋友，就這樣被警察捉了，卿卿是否要坐牢，我們是否要分開？

　　卿卿：

　　　　正所謂上得山多終遇虎，但沒有想到這麼快便遇到這隻大老虎。

　　　　那次我們三個人到超市各自偷東西，臨走的時候，其中一位朋友說她忘記了「拿」香口膠，所以便匆匆忙忙的回去拿，怎料不知是不是因為太匆忙，她竟然忘記了撕走香口膠上的防盜條碼，一離開超級市場，防盜警告便隨即響起。我和另一位朋友，本身已經離開了超市一小段路，但那位朋友失手被抓後，竟然指著我們，說我們也有份，我們便立即拔捉逃跑。

　　　　可能是天意吧，平常寬闊的出入口，竟然因為有人在上落貨而塞住了，我們無路可逃下，唯有走入廁所，把所有偷來的東西沖走，但最後也是難以逃出警察的追捕。雖然他們並沒有搜到任何東西，但因為有朋友指證，所以我們最後還是要接受警司警誡。

頌苹：

看見卿卿被捉，雖然她只是需要接受警司警誡，不用坐牢，但是我的心裡還是很害怕，所以有幾個月我也沒有再偷東西。

卿卿因為要接受警司警誡，所以不能再和我們一起，而是要去青年中心，參加那裡的活動。沒有卿卿的日子真的很難過，所以我經常都偷偷地走到中心，希望可以和卿卿一起，參加那裡的活動。

卿卿：

警司警誡的日子，說真的，一開始很不習慣。但是，我不想因為再犯事，而要入女童院甚或坐牢，所以也唯有堅持。

我開始參加青年中心的活動，以及參與義工服務，作出一些不同的嘗試。慢慢地，我開始有種腳踏實地的感覺，第一次感受到原來除了食、玩以外，還有其他事情值得去做、去試。

警司警誡的這一年，少了跟頌苹接觸，但我始終記掛著她這個「妹妹」。

頌苹：

一年很快就要過去，卿卿很快就要完成警司警誡中參與中心活動的部分了，怎料卻輪到我失手被擒。

卿卿被捕後，我確實是有幾個月沒有偷竊，但之後還是忍不住，又開始到便利店偷東西。有一次得手離開後，店員追出來，拍一拍我的膊頭，問我有沒有付錢。

我當然說已經付了，店員一開始也半信半疑，叫我一起回到店內，但之後又跟我說信我沒有偷東西，叫我回家。

好險。

原來不是。

第二天，當我回校上課時，警察已經站在學校門口等我，說我昨天在便利店偷東西，要拘捕我。

這次到我要接受警司警誡了。

卿卿：

　　一年很快要過去，當義工和參加中心活動的體驗確實是不錯，但是我並沒有想過在警司警誡後，自己會繼續參加。

　　可是頌苹卻在這個時候被捕，要接受警司警誡。

　　於是，我們又在中心相見了，可是這次頌苹不是偷偷走到中心的「朋友」，而是成為了一起參與中心活動的伙伴。

　　頌苹這個時候問我：「你要繼續參加中心的活動嗎？」

　　好吧。就和她一起繼續吧。

・・

頌苹：

　　卿卿是我最好的朋友，我做甚麼事也想跟她在一起。連卿卿拍拖的時候，我也會跟著她一起出去，不想和她分開。而且我向來都比較膽小，所以也是由卿卿帶我去不同的圈子，幫我適應不同的新環境。

　　這次因為警司警誡而來到中心，也很慶幸卿卿願意陪伴我，為了我而在警司警誡要求參加活動的期限完結後，還繼續參加中心的活動。不然我也不知怎算好。

卿卿：

　　頌苹經常説我幫了她很多，但這次其實是她幫了我。

　　警司警誠的這一年，給了我很大的啟發，我開始明白到，之前無所事事的生活是多麼的令人擔心，亦白白浪費了時間。我繼續參加中心的活動，除了陪伴頌苹外，其實也是想擺脱以前的生活，不再百無聊賴。

　　但要脱離以前的生活，總會受到很多以前朋友的白眼，他們在笑我很傻，傻得明明完了警司警誠，還要繼續跟著那群社工，繼續在中心玩而不回到街上。

　　老實説，我是在意的。因為我是一個很在乎別人怎麼想的人。

　　但幸好這個時候，頌苹扶了我一把，不斷鼓勵不要在乎別人怎麼想，最重要是我們一起變好。

　　既然我最重視的人，也支持我這個想法，為甚麼我還要去理別人？

頌苹：

　　警司警誠的其中一個要求，是要參與長跑訓練。

　　還記得第一節課是在下午三點，我竟然因為睡過頭，而遲了一小時，給長官罵了一頓，還大聲問我是不是不想參加。

　　其實我是想的，只是真的太累……

　　之後我嘗試調整一下生活節奏，不要這麼晚睡，雖然每次還是遲到，但每次去到的時間，也比上次要早。

　　而去到最後一課，我竟然能夠準時到達，而那一節課還要是早上 8 時 30 分！對於我這個遲到大王來說，也算是個成就吧！

卿卿：

　　警司警誡的其中一個要求，是要參與長跑訓練。

　　那個時候的我，還留著頭金髮，加上我身型嬌小，怎樣也很難想像，我會是一個運動型的女孩子吧。

　　而事實上，長跑的訓練的確非常辛苦，每次訓練時我都在發牢騷，說自己快不行了。

　　但是不知怎的，我和頌苹卻堅持了下來，還能完成教練的要求。

　　去到最後的嘉許禮時，我還特地把頭髮染回黑色，給長官一個好印象。

頌苹：

　　中心的另一項活動，是學習泰拳。打泰拳真的很累，但也很開心。

　　但關於泰拳，我想說的不是這些。

　　有一天，我們聽姑娘說，他們有一個計劃，會挑選六位泰拳學員到泰國交流。去泰國！我這麼大個人，連到長洲旅行也未試過，不要說到泰國，還要坐飛機。

　　於是我和卿卿便第一時間報名，希望我的第一次旅行，可以和她一起去。

　　很快便到了面試的日子。我們兩個都緊張到手心出汗，入到面試室時，覺得自己說得不著邊際，不知自己在說甚麼。

　　我們真的行嗎？

卿卿：

　　頌苹經常説如果只有她能去泰國的話，她就會放棄，要去就要一起去，哈哈，真的是傻女。但説真的，我也很想和她一起去旅行，尤其是一起去第一次旅行。

　　面試前的一晚，我們通了一會兒電話，大家也跟大家説，要早一點睡，養足精神準備明天的面試。

　　11 點。12 點。1 點。

　　還是睡不著，我傳訊息給頌苹，才發覺她也和我一樣，緊張得還未能入睡。

　　這種緊張、這種很想去做好一件事的感覺，有多久沒有試過？

頌苹：

　　公布結果的那天，剛好是卿卿的生日。

　　我在炸雞店替她慶祝生日，吃到一半的時候，收到姑娘的來電，告訴我們兩個都成功入選，可以一起去泰國交流。

　　太好了！16 歲就可以去人生第一次旅行，還可以跟最要好的朋友去，最重要的，是不用自費！

　　哈哈，真是難忘的一天。

卿卿：

公布結果的那天，剛好是我的生日。

收到姑娘電話的那刻，我們在炸雞店開心得彈起，還要不斷在叫嚷，幸好那個時候炸雞店沒有甚麼人，不然我們可能被以為是瘋子，給人拍了片放上網瘋傳了。

很高興，很高興我們兩個都能一起去！

頌苹常常說面試表現很差，但聽姑娘說，她其實是最高分的一個，真不能少看她在這些關鍵時刻的爆發力呢。

● ●

頌苹：

雖然說去泰國不用自費，機票食宿也都包括了，但人到外國，總需要有點盤川，該怎麼辦好呢？

就去打工吧。

但是我自己不敢，就嚷著叫卿卿和我一起找工作，結果真的讓我們找到一份快餐店的兼職。

真的很感激卿卿，如果不是她，我也未必能鼓起勇氣，找到人生第一份工作。

接到薪水的那一刻，我真的很開心，因為終於擺脫了一天 20 元的生活了！

卿卿：

　　我知道頌苹真的很需要一份工作，否則的話，可能她連去機場的車錢也沒有。

　　我本身是在另一間快餐店當兼職的。可是頌苹說她不喜歡那個環境，於是我便膽粗粗辭了職，跟她一起申請她心儀的那一間，很幸運，我們兩個都被錄取了。

　　如果只請其中一個怎麼辦？放心吧，應該不會的，哈哈。事實上他們真的請了我們兩個嘛。

頌苹：

　　終於出發去泰國了！出發之前，我還特地在網上學了幾句泰文傍身。

　　來到第一天，卿卿就哭了。

　　我們被分到兩個不同的組別，但是夜晚還是在同一間房睡的。

　　五日的旅程，有很多難忘的經驗。有一天我們去玩水上活動，海底漫步、潛浮、水上電單車、香蕉船……全部都是我第一次玩的，還記得浮潛的時候，我們怎樣試也不能把呼吸管放入口，一放入口就想嘔。幸好帥哥教練人很好，慢慢的陪著我們，教導我們，我們才能成功浮潛。還有海底漫步，我們兩個都不懂游水，下到水的時候又凍又怕，幸好可以捉著大家的手。

還有最後一天，我們要拿著很少現金，走到市內一間很偏遠的店舖，買一條特別的絲巾，我們拿著社工姑娘預備的店舖名稱錄音周圍問人，但都不得要領，最後才發覺，原來那個名字是印度文來的！我們為了慳錢，回程的時候還要不坐車，走路回來。怎料卿卿那組想到了一條絕橋，假扮拍網上短片跟遊客借錢坐車，結果他們不單止比我們早回來，錢也用得比我們少，這樣給他們贏了，真沒他們辦法。

幸好我們最後也可以一起去吃自助餐，為這個旅程來個完滿的終結。

卿卿：

終於出發了！

來到第一天，我就忍不住哭了出來。

事緣來到泰國的第一天，我們就有一個比賽。那個比賽是……吃蟲蛹！

每組可以有一個人不吃，頌苹那組只得她一個女孩子，她自然就不用吃。

可是我的那組，卻有另一位女孩子堅決不吃，那麼我就唯有頂硬上，去吃那個平時連拿起都不敢的蟲蛹，放入口的時候，我真的忍不住哭了出來！

這個是泰國泰拳交流團，行程當然和一般的旅行團不同，每天早上要練泰拳之外，也有不少任務要完成，像是城市定向。

雖然每天跑這多的任務很是辛苦，但總算是我們的第一次旅行吧。

頌苹：

　　這幾年的經歷，令我改變了很多。

　　首先最重要的，當然是找到工作。找到工作之後，我不單脫離了每天 20 元的生活，還能夠給父母家用，晚飯也可以加餸了。

　　其次這幾年的義工和活動經歷，令我個人變得外向了，除了卿卿和中心的朋友外，在學校也終於能夠和同學們打開話匣子，結織到一個新的圈子。

　　只是，我依然覺得自己沒有甚麼長處，別人中、英、數、理總有一兩科是強的，我卻好像是樣樣都不行，找不到自己強項。

卿卿：

　　這幾年的經歷，令我改變了很多。

　　首先最重要的，是和父母的關係改善了很多。在中心參與了很多親子活動，令我明白到家長們的想法，而我的媽媽也有行動，透過和社工傾談和參與一些給家長的工作坊，也在學習如何能夠跟我們這輩人相處。

　　其次，是我的性格也變得比以前成熟，不會好像以前般無所事事，我更希望可以把我的經歷分享給其他人，去幫助其他人改變，所以我也會協助中心的社工，幫助其他接受警司警誡的朋友。

　　最後當然是兼職工作，自從兼職之後，我的經濟變得獨立，不用再依賴父母。可是，跟頌苹比，我返工的時數就比較短，我也有跟頌苹說，不要花那麼多時間在兼職上，始終這個階段讀書是比較重要的。

頌苹：

對於未來，我的路向很清晰——我要向酒店業發展。

雖然家裡常常都希望我做辦公室的工作，甚或是嫁個有錢人，但是我知道自己不是讀書的料子，更不要説去嫁個有錢人這麼不著邊際，我想的，就只是踏踏實實的找一門手藝，然後全心投入，穩穩定定的工作，穩穩定定的賺錢，這樣我就心滿意足了。如果要我在酒店工作一世，我也願意。

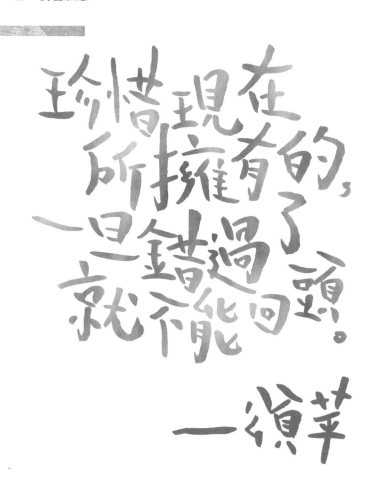

珍惜現在所擁有的，一旦錯過了就不能回頭。

——頌苹

卿卿：

　　對於未來，我還是不太肯定。

　　在中心的時候，看到很多年紀比我大的哥哥姐姐，都在為前途的問題煩惱，令我很早就意識到，要為將來鋪路。可是連去哪裡吃飯都要想很久的我，又怎會那麼容易想到自己的出路？所以我也會預備一些不同的選擇給自己，再看看自己到時的想法如何。

　　在做義工服務的時候，我發覺自己對寵物都甚有興趣，所以會十分留意一些關於寵物美容的事情，在文憑試以外，又會修讀非文憑的航空管理課程，希望對日後投考空姐有幫助。但每當看到頌苹對自己的前路如此清晰，還是會有點羨慕的。

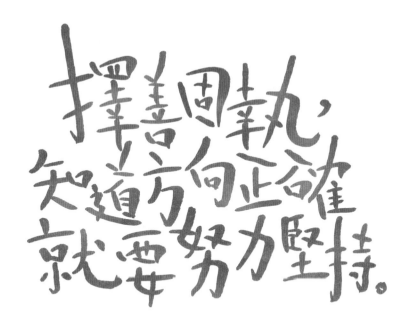

擇善固執，
知道方向正確
就要努力堅持。

一卿卿

媽媽的

日記

TATA

2009 年 10 月 5 日

Miss Chan，你憑甚麼罵我！你以為我不敢走？傻的嗎？

Kenny 我愛你 <3

2009 年 12 月 13 日

Peter ，你平日都得罪我多，今次還不給我教訓你一頓。又頸把你推到牆上，很爽啊！幸虧你也不敢告訴老師，否則就不只是又頸這麼簡單啊。

PS：John 我愛你 <3

2010 年 3 月 5 日

倒霉。Sally 竟敢告發我食煙，你一定不會有好日子過。

Tommy 我們永遠在一起好嗎？

2010 年 3 月 8 日

Sally 也有今日了，我畫花了你所有的教科書，再掉到不同班房的垃圾筒，看你怎麼找！

Tommy 今日看上去又不怎麼樣了，試試和隔離班的 David 拍拖好嗎？

爸爸今天回來了，不知下次他又會回大陸多久？

2010 年 11 月 20 日

升中四了，由初中生變成高中生，不要再做蝦蝦霸霸這些「小學雞」的行為了。

Jason 一個月快樂 >3<

2011 年 9 月 7 日

上課很無聊，還是看些書吧，東野圭吾的《白夜行》好像不錯呢。

Johnny 愛你啊，伏在你身邊的感覺很窩心。

2011 年 10 月 10 日

很擔心，怎麼月經還沒有來，該不會⋯⋯

2011 年 10 月 11 日

天塌下來了⋯⋯

今天告訴了 Sharon 月經沒有來，她買了一支驗孕棒給我。

走入廁所的一刻，心很亂，腦海裡不停在想著，如果真的有了 BB，該怎麼辦呢？

很快結果就出來了，兩條線。

我的身體不由自主地震起來，好像全世界都要爆炸一般，很驚，很驚，全身不停在震，腦海一片空白，完全沒有反應。

直到我走出來，告訴 Sharon 那一刻，我才開始懂得哭，天崩地裂的哭了出來。我實在沒有能力養這個孩子，我才 16 歲⋯⋯

Sharon 不單安慰我，還和我找了很多方法。喝西瓜汁？ 我們自己也不信啦⋯⋯ 到公立醫院？要醫生證明 BB 有缺憾。返大陸？ 我又真的不敢。家計會吧！未夠 18 歲要家長陪同。

要家長陪同。

決定了。明天告訴媽媽，讓她幫忙解決吧。

現在已經凌晨三點，可是還是一點睡意也沒有，只要一閉上眼，就想起 BB、就想起媽媽的反應、同學又會怎樣看我、要不要停學？很亂、很亂，幾千萬思緒在亂撞，亂得我不知方向。

2011 年 10 月 12 日

總算是有個定案吧⋯⋯

早上跟媽媽說我要請假，她問我為甚麼，我猶豫了很久，還是決定要告訴她。

媽媽竟然沒有罵我，反而很鎮靜的問我誰是爸爸，問我詳細的情形，但是我怎麼也不肯說。媽媽見沒有辦法，先打了電話給一個朋友，然後就打到家計會預約檢查。剛好今天就有位置，就即日去了檢查。

原來我已經有了他一個月。醫生說懷孕三個月以下的，只要食藥就可以墮胎，不用做手術。但要再等待兩三個星期，才可以食藥，所以我們就即場預約了。

本來一切都來得很快、很快，但突然間，又變成一個悠長的等待。

2011 年 10 月 13 日

我告訴了 Johnny，他竟然跟我說：「我唔知可以點㗎喎。」然後就開始避開我。

枉我還為他保守秘密！

除了 Sharon 她們之外，我沒有跟任何人講過。但是不知為甚麼，當其他人望住我時，總是覺得他們是懷著不友善的目光，好像在歧視我般。不是，不是，是我想多了，沒有人知道的。

這幾天不斷頭暈、作嘔，應該是心理作用而已，不要怕。

今天跟黃姑娘談了一會，感覺舒服了一點。

2011 年 10 月 29 日

明天就要吃藥了，是解脫嗎？

我好像感覺到他的氣息。

2011 年 10 月 30 日

BB：

對不起。

吃藥的一刻，我當真有猶豫過：這兩三個星期裡，我是確確實實的感覺到你存在。因為我的任性，我的年少無知，剝奪了你生存的權利。

真的，真的，對不起。

媽媽上

2011 年 10 月 31 日

BB：

對不起。

我沒辦法原諒自己，也不期望你會原諒我，但我會每天寫信給你，去表達我的愧疚。沒有甚麼希望，只是除了道歉之外，我也不知道還可以做甚麼。

媽媽上

2011 年 11 月 25 日

BB：

對不起。

我很亂。不想離開家裡，不想面對任何人，不想面對任何事，每走到街上，課室上，每見到任何人，都覺得他們在歧視我，很害怕他們會走過來，詢問你的情況。是我做錯，沒有任何籍口。

媽媽上

2011 年 12 月 11 日

BB：

對不起。

整整一個月沒有上課了。我每天都在家裡問自己，為甚麼會這樣，以後怎辦？

我想過很多的可能性，鼓起勇氣回校上課？退學出來工作？還是繼續在家裡頹廢？甚至乎，我想過自殺，其實是每天都在想。但是這需要太大的勇氣了，而且媽媽這樣拼命幫助我，我不能讓她傷心。

不過，無論如果，我的錯，都是不能彌補的。

媽媽上

2012 年 5 月 22 日

BB：

對不起。

今天在看書，入面有一句話，令我感受很深。

「人生最重要的不是係要行哪一條路，而是你能不能夠踏出第一步。」

不經不覺，你已經離開了我大半年，我也已經頹在家裡大半年。

繼續頹廢，是贖罪的最好方法嗎？

媽媽上

2012 年 9 月 18 日

BB：

對不起。

公公拋低了我們。

自從中秋節在家拿月餅後，他再沒有回來，電話打不通，連錢也沒有再匯過來。聽親戚說，他又包二奶了。他很憎恨我們嗎？為甚麼要這樣對我們？

我要告訴公公，即使沒有了他，我和婆婆都能過得很好！

媽媽上

2012 年 10 月 30 日

BB：

對不起。

一年了。內疚還在困擾著，周遭的目光仍是這麼奇怪（但明明他們不知道）。但我已下定決心，我要讀好書，即使其他人怎樣歧視我，也要努力上課，努力溫習，讓婆婆過好的生活。

媽媽上

2012 年 11 月 1 日

BB：

或許是時候了開始新的一頁了。

由今天開始，我或者不會再跟你說對不起。但是我依然是這麼的愛你，希望你也會原諒我吧？

媽媽上

2013 年 7 月 22 日

BB：

DSE 放榜了，成績不錯，本身我是想讀社工的，因為黃姑娘人很好，和她傾偈很舒服，我也想學她一樣。但同時我也很喜歡中文，希望可以和下一代一起閱讀，一起分享中文的樂趣。所以我會選擇讀教育，老師也可以聆聽學生的傾訴吧，對嗎？

Btw 媽媽又戀愛了，今次的對象是一個韓國人，是來參加工作假期的，應該是霧水情緣。但我現在懂得保護自己，不會再讓同樣事情發生。BB，你對我有信心嗎？

媽媽上

2013 年 12 月 24 日

BB：

韓國男生離開後，我一直都未有再戀愛，但今天，我預到了一個很特別的人。

他叫 Sunny，是我朋友的朋友，我們一起去免費擁抱（free hug），期間有位非洲人突然走過來，想問我拿電話，正當我不知所措的時候，他二話不說的走過來替我打發他走，很型啊，有種被保護的感覺。

他應該是我的真命天子吧。

媽媽上

2014 年 7 月 13 日

BB：

Sunny 來了我家住都一個月了，今日他在無意間，發現了我給你的信。

原以為他會有很大反應，但他很認真的和我説：「你應該早點跟我説吧，我又怎會介意呢？這是你的過去，我愛你，是愛你整個人，也包括你的過去。」

很想跟他説聲：「我愛你。」

媽媽上

2017 年 2 月 27 日

BB：

你在另一個世界好嗎？

不經不覺，已經和 Sunny 拍拖三年，雖然三年間，我和他爭吵過無數次，但是仍然那麼的愛他。

説實話，我和他真的是兩個世界的人。他滿身紋身，喜歡街車，經常在街上流連；他直到現在也不肯跟我到圖書館，更不要説看書了。我也不知道街車有甚麼有型的地方，將單車改成好像電單車的樣子，真的很好玩嗎？

可是他的義氣和責任心，卻依然深深的吸引著我。為了同事，他可以暫時不跳槽到一份人工高很多的工作，待老闆請到新人才走，應承了其他人的事，他也永遠都能夠做到。我想在我生命中，除了婆婆以外，最對我負責任的，就是 Sunny 了。

媽媽上

2017 年 5 月 1 日

BB：

擁有現在的生活，我很感恩。

我有一個愛我的男朋友，又快將大學畢業，將會成為一位老師，在學業和愛情上，都算是得一個不錯的成績。

但可以走到現在這一步，我最想感謝的，仍然是你。

因為你，我學會了如何負責任；因為你，我學會如何找到人生的意識；因為你，我明白到生命的寶貴，我能對你說的，就只有感激和感恩。

往後的日子，我會繼續努力，好好過未來的生活，將這份責任，帶給我將來的學生，甚至是未來的孩子。

感謝你！

媽媽上

人生最重要的
不是走哪條路，
而是有否
踏出第一步。

——Tata

給爸爸的一封信

阿 怡

曾經，我以為我是多餘的。

> 你和媽媽 19 歲結婚，20 歲就生了我，然後 22 歲離婚……究竟我的出現，是一時衝動，還是一場意外？
>
> 離婚後，爭取撫養權的，是公公婆婆跟爺爺嫲嫲。爺爺嫲嫲贏了，照顧我的責任，就真的落在他們身上。和你同住一屋，但是相處的時間很少，更多的，是看見你帶女朋友回來，而且還要每次不同。爸爸，知不知道雖然住在同一屋簷下，但我很掛念你？

小五的時候，你的女朋友終於不再次次新鮮，可是這位女朋友，卻要獨佔你的所有。很快，你搬走了，和你相見的時間就更少，仿佛我們就在彼此的生活中消失、退場、離開……

我升上中學了，讀書成績不怎麼樣，卻被人發掘了演藝和運動的才能，參加了合唱團、田徑隊、籃球隊。可是，你一點都不在了，如果說你還有一點點在乎的話，就是在乎我的成績不夠好，不是一個品學兼優的學生。

雖然得到老師的認同，但是得不到你的關心和認同，我空虛、我失落，我卻找不到出口。

爺爺嫲嫲是很傳統的人，爺爺性格很簡單，不大會管促我；而嫲嫲就是一個典型的老一輩，很長氣、終日會為我擔心，但永遠只會表達在嘮叨上。他們很疼我，會買我喜歡的東西、煮我愛吃的餸菜，甚至為養活我，至今也在工作。

我覺得自己欠了他們很多，可是，他們永遠都是爺爺和嫲嫲，不是爸爸和媽媽。我最希望的，還是能得到爸爸你的關心。

但是我得不到，唯有把這種被愛的需要，投射到其他人身上。

成為了一個中學生，活動多了，自然圈子也擴闊了，再不想待在家中。而且太早回到家中，也只會面對空無一人的四面牆，這種孤獨的滋味你懂嗎？於是我開始在邨內流連，又認識了一批新的朋友，當然，他們也是喜愛在邨內流連的。我在他們身上，總算找到了一點被重視的感覺。但慢慢地，我也和他們一樣，開始食煙、拍拖、飲酒和𠝹手。

最初學的是吸煙，因為幾乎全家人都吸，為甚麼我不能？

之後是飲酒，開心飲、不開心更要飲，經常都飲到爛醉。最勁的一次，笑了又喊、喊了又笑，嘔得嚴重還要發瘋的追著朋友。清醒很苦，唯有在醉的時候，才能盡情抒發心中情。

那時候，我不知甚麼是戀愛，圈子裡的「大哥哥」來關心一下，便做了對方的女朋友，但是隔一輪便遭拋棄，然後第二個「大哥哥」又來了。我付出的是真心，他們卻把我當玩具，我痛苦得無以宣洩，結果就和朋友一起自殘，整個手臂都是𠝹刀的傷痕。當然，我不會和你說這些，我會說，我和朋友去溫習，溫得很夜才回來。而你亦不會知道在說謊，因為，我在你的生命中，早就缺席了。

這些痛，你明白嗎？

我有六個弟弟妹妹，可是沒有一個是同父同母的。你再婚後，生了一個兒子，而媽媽更誇張，總共生了一個女兒、四個兒子。說實話，這些弟弟妹妹都很喜歡我，因為我在他們面前，總是像一個大姐姐般；不，確切點來說，是像一個表姐般：他們有幸福的家庭，而我，只是他們身旁的親戚。

中二的時候，你終於再婚了，身為爸爸的女兒，坐在我旁邊的，當然是後母的保險經紀、爸爸的打波朋友——女方的家長，怎樣也不肯讓我坐在主家席上，生怕大家知道，原來今天帥氣的新郎哥，已經有一個 13 歲大的女兒。

　　飲宴前後，總是有一個環節，讓大家上台跟一對新人拍照、順道親身祝賀一番。

　　「男方家長」

　　「女方家長」

　　「男方親戚」

　　……

　　「Alex 的球迷朋友」

　　「還有沒有其他人未上台，快上來和一對新人拍照！」

　　直到主持也不再喊話時，爸爸才揮手示意，叫我上來拍照。

　　我，是這樣不見得光嗎？

　　關於離婚的原因，我聽説過很多版本，有爸爸做錯、也有媽媽做錯，但反正最後你們就是離婚了，我也不想再深究。

　　但唯一肯定的是，這場婚姻對媽媽的傷害很深，我們有很長的一段時間沒有甚麼聯絡，直到現在，我們每次見面時，都顯得十分客氣，是那種掩飾無法走進對方心內的客氣。

　　街上的生活很精彩，亦有朋友的重視，我開始缺席各種操練，放棄沉悶的課外活動，以及更沉悶的課堂。老師看見我愈來愈壞，也開始對我失去信任，我正式成為他們眼中的「攪事分子」。

　　但是你一直都不知道，直到一次。

我如常在街上食煙，但竟然被人拍到，還要送到學校。老師當然不會罷休，第二天把我們大罵了一頓，還要通知家長接走。你很惡，平常每次見你，也總是板起面孔，如果你知道我食煙，一定會大發雷霆，加上我不想在你面前的形象變得更差，所以我做了一個最愚蠢的決定。

我叫爺爺來接我，一如以往，他也不會理會我做錯甚麼，可是接下來，我竟然跟他說：「我今晚不會回家。」之後就逕自逃去，到了朋友家的後樓梯過夜。

那時候的你，正在日本旅行，所以我心想，你不在香港，應該不會出事吧。

我錯了。

那個情景，我還記得很清楚。

嫲嫲知道我離家出走，不但徹夜找尋，還告訴了你，你竟然立即由日本趕回來。你出奇的平靜，不斷質問我為甚麼離家出走，到底是為了甚麼，還問我知不知道嫲嫲很擔心。

我很驚、很驚，驚得腦海一片空白，除了呆呆的站著不動，我完全給不了任何反應。

突然，你拿起掃帚，朝著我想打過來。

嫲嫲立刻捉著你的手，還急得哭了起來，叫你不要打我。

你用力過猛，一個不小心，就把嫲嫲摔到牆上，後母大叫：「撞到你阿媽啦！」

14歲的我，面對這個粵語長片般六國大封相的場面，除了哭之外，也委實不能有其他反應。

我錯了。

還記得，你們到日本旅行，其實買了一條頸鍊給我作手信。那天晚上，你最後也把鍊給了我，但是加上了一句：「原本諗住開開心心咁畀你，點知搞到而家咁樣。」

不知是因為沒有交流，還是你真的很信任我，你之前對我的生活，真的沒有甚麼干涉，我出夜街的「籍口」，你和爺爺嫲嫲總是照單全收。

但經過這次離家出走後，一切都變了。

你沒收了我的電話，禁止我參加一切課外活動，除非老師親自通知你，放學後我要立即回家，你還在家裡裝了閉路電視，確保我沒有說謊，偷偷去玩。

可是，我放學的時候，家裡的人都在忙著工作，每次回到家，見到的就只有一片漆黑，以及一間空房。

我幾乎每天都在哭，因為與世隔絕，不知道朋友會怎樣想知自己，也因為孤獨的感覺，時時刻刻都湧上心頭。

感覺像是在監禁。

你沒有說這種生活要去到甚麼時候，難道是終身監禁嗎？

然而，監禁般的生活，令我反省，的確是我做錯了。

所以，我決定遠離那些一起在街上流連的朋友、戒煙，把精力重新放到學業和田徑上。中三的時候，成績進步了不少，連老師都認同我的努力。

老師把這件事告訴爸爸。我回到家後，第一次看見他笑，說我做得好，甚至還了電話給我，監禁結束了，變成了守行為。

這是我人生中，第一次被你認同。

感覺真好。

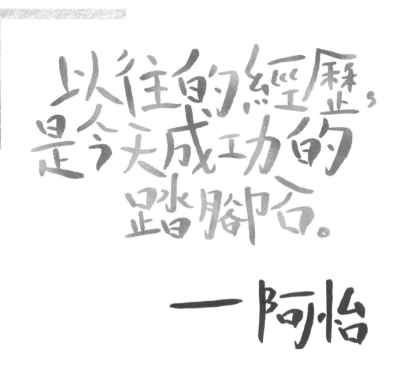

以往的經歷，
是今天成功的
踏腳石。

—阿怡

不合格的

父親？

阿火

我是一個不合格的父親嗎？

　　我是一個上一代的新移民，早年和弟弟來到香港後，我們夾份買了一個單位。後來我們都結婚了，這個家，便由兩個人變成四個人，後來更由四個人變成了七個人。我和老婆及兒子，一起住在其中一間房中。如此多人住在狹小的單位中，老婆對此早就有所怨言，可是我還完全沒有理過她的感受，每到跑馬的日子，我便蹲在房間中的電視前，由賽馬直播到半夜的馬評節目，通通都不放過，錢就不見得有贏，可是卻吵得老婆兒子都睡不到覺。

　　因為這些事，我和老婆吵過很多次架，小問題慢慢變成大問題，再變成解決不到的問題，結果我們都是難逃離婚的命運，那時候，我的兒子阿火才剛讀小二。

　　老婆對阿火是不錯的，煮飯買玩具這些當然少不了，而且還經常跟他談天，關心他的各樣事情。離了婚後，我實在不是太懂得如何跟他溝通，加上又要上班，恃著家裡還有弟弟及他的家人照顧阿火，所以也沒有怎樣理會他。

　　阿火似乎也感覺出家裡的變化，我們離婚後，阿火不開心了一段時間，又跟我說過不想我們離婚，之後他就開始經常到同學家裡打機，每天也打到六七點吃飯的時候才回來。雖然經常外出，但我見他也懂得回來吃飯，便也沒有甚麼所謂。

　　阿火升了上中學，成績是不怎麼樣，也繼續往外跑不喜歡待在家中，但我都知道，他最大的興趣是打籃球，那就由他吧，或許他能夠在這裡闖出一些成就呢。當然我也會罵他，著他不要太晚回家。

　　而且那個時候，惹上一些壞習慣的，是我。

我是在一間連鎖的日用品店當售貨員的，每次放工收舖的時候，我總是會順手牽羊，拿一些東西回家，開初以為沒有人發現，就愈拿愈多，愈拿愈過分，甚至試過一包兩包的把貨品拿回家。可是有一次，同舖的同事看不過眼，向經理告發了我，經理趁我放工的時候，在店面門口等我，結果人贓並獲，當場被捕。

當晚阿火見我遲遲未回家，打電話給我又沒有人聽，便打電話到店面問我的同事，他們當然不會講出真相，只是冷冷地交低了一句「他走了」。當我回到家時，已經是凌晨四點，阿火仍然未睡覺，問我為甚麼這麼夜回來，我已經累到極點，加上又心情極差，所以只拋低了一句「老豆衰偷竊，被警察拉了。」便沒有再理會他了。

上庭的時候，兒子要上課沒有來。其實就算他不用上課，我也不想他來，太沒有面子了。最後我被判罰款了事，不用坐牢，可是工作就當然沒有了。

阿火升上中四後，認識了一班壞的朋友，經常在街上流連直到半夜，甚至第二天早上才回家。我實在不懂得說甚麼道理，於是便狠狠罵了他一頓，叫他不要再出夜街，很容易學壞出事。

可是阿火不單止沒有聽，更和我爭吵起來，說他出夜街是他的事，只要懂得回來就可以。我當時氣炸了，幾乎想出手打他，但那個時候，他頭也不回地走了。

第一次罵他，他沒反應，我唯有繼續怒罵他，而他每次也駁咀，跟我愈吵愈激烈，我們的關係也愈來愈差，交流愈來愈少，去到一個時候，我甚至開始懷疑，我們會不會變成同住一屋的陌生人。

後來聽他說，他天天出夜街，是因為在家裡委實是百無聊賴，所以寧願出街，起碼可以唱卡拉 OK、喝酒、有一班朋友陪他聊天。

阿火讀到中六後，便沒有繼續讀下去，因為成績實在太差。不過他中四開始已經兼職，畢業的時候，在一間便利店當通宵更員工。

因為他通宵工作，所以我們之間的接觸也愈來愈少，甚至不知道有段時間，他已經悄悄地離職。

那個時候的阿火，加入了黑社會，後來更受朋友的唆使，開始販毒，最終被警察拘捕。

可是這一切一切，我都不知道。

阿火告訴我這些事的時候，已經是接近第一次上庭。我很震驚，不斷質問他為甚麼不早點跟我說，他的反應讓我心碎了。

「跟你說有用嗎？」

可是，我唯一能給的反應，也只是很惡的罵他，以及忍住情緒，替他找律師辯護。

阿火犯事，我覺得自己的責任也很大。因為一時貪念，我在阿火年少的時候，因為侵吞貨物犯了偷竊罪而被判罰款，為阿火立下了一個很壞的榜樣，而且我不但沒有跟他解釋，承認自己做錯，反而對之諱莫如深，不肯正面面對，阿火也自然不聽我的說話。

而且當阿火出夜街、或者做事不順我意的時候，我就只管去罵他，卻從不去關心阿火，照顧他的需要，和他的關係愈來愈差也怪不得任何人。

可惜，當我醒覺之時，阿火已經身在警署，我後悔，我惱恨。

上第一庭是為了保釋，雖然律師已經盡了力，但最後還是不准保釋，阿火要還押監房。

直到那個時候，我再也忍不住，流下了第一滴男兒淚，還要不小心讓阿火看到。其實不只是一滴男兒淚，因為不能保釋阿火，我足足哭了整個小時，也不知有多久沒有這樣哭過了，我真的很內疚。但因為監牢除了身份證外，所有東西都不能帶進去，最後，我還是要忍住淚水，去為阿火拿回他不准帶進監獄的細軟。

阿火媽媽雖然不是和阿火同住，但他們的關係向來也不錯，即使在阿火最迷失的時間，他也很珍惜和媽媽每星期一次的相處時間。可是今天她也不敢來到法庭，因為她知道如果來到的話，只會淚崩當場，她不想在阿火面前，顯出這一面。

審訊歷時幾個月，每天我都心急如焚，緊張、擔心，從無止息。幸好阿火的表現很好，最後法官在聽取了感化官的報告後，判了他感化。每天到黃大仙拜神的媽媽，也終於「還得神落」。

這件事後，我和阿火的關係改善了很多。

阿火遠離了他的損友，努力投入工作之中。而我們兩父子之間傾談的時間也多了不少，大家真真正正放下了彼此的包袱，分享大家內心的真正想法。他甚至會給我家用，讓我不用這麼勞碌。

從前我們同枱食飯的機會不多，就算一起吃飯，也從不會講話，近況也不會說，不要說是說心事。但是現在的阿火，每逢放假都會找我飲茶，雖然男人間的話依然不多，但是我還是能夠感受到他對我的關心。

然而，我卻此始終忍不住去想，如果我之前做好一點，不要對他愛理不理、不要只顧著罵他，不要去偷東西給他留下一個壞榜樣，甚至，當初能避免離婚的話，能否避免今次的危機？做一個爸爸，我要學的，還有很多、很多。

爸爸：

　　曾經我也很憎恨你。

　　你和最關心我的媽媽離婚，又曾經對我漠不關心，好像不聞不問似的。那時候我想，反正我回到家裡，也是給你的電視聲吵著睡不到覺，倒不如走到街上還好，街上起碼還有朋友陪我。但是我每次出夜街，你就總是怒火中燒，非要罵我一頓不可。那個時候的我，總是不明白，認為我只要懂得回家就可以，哪有甚麼問題？

　　可是，我錯了。

　　正正就是這班「朋友」，教唆我去販毒，令我被警察拘捕，差點前途盡毀。好彩這個時候，還有一個小時候的朋友阿虎。在這個最困難的時候，阿虎鼓勵我，幫助我和這班損友絕交，也是阿虎提醒我，其實我還有一個很關心我的爸爸。

　　在庭上看見你哭出來的那一刻，我忽然明白了一切，其實你之前罵我，只是想關心我、想我好，只是未必很懂得表達，但我在那一刻才知道，會太遲嗎？

　　只要有心，我相信不會太遲！這件事後，我找了一份便利店的工作，是返通宵更的。通宵更雖然很辛苦，別人上班的時候我下班，別人下班的時候我才上班，但正正是這個性質，令我的生活重新歸於平靜，令我看到，對我最重要的，還是我的爸爸媽媽。所以我現在也會主動給你家用，在放假的時候，找你吃個飯、談談天，生活雖然簡單，但就十分滿足。

　　爸爸，感謝你！

阿火

「做錯甚麼事都好，只要父母沒有放棄你，你也不要放棄自己。

—— 阿火

候任會長及會友的話

　　青少年的成長滿布挑戰與誘惑，稍一不慎就會誤入歧途，不過這並非他們的人生結局，只要願意承擔及改過，人生還是一片光明的。

　　很感謝「重新出發」青年嘉許計劃，令我親身接觸一班曾經犯錯的青少年，讓我了解到他們的無助；亦感謝計劃鼓勵曾經犯錯的青少年改過自新，為他們提供一個重踏正途的機會。我希望計劃中的青少年繼續努力，奔向更美好的人生。

荃灣獅子會李浩然候任會長

　　青少年本是正值於無憂無慮的時期，但這班青年們卻面對著非一般人遇上的困境。面對錯誤，他們並不畏懼，反而勇於戰勝過去，做一個更好的自己。我十分欣賞他們勇於承擔的態度，並衷心希望每一位青年能活出屬於自己燦爛的人生。

荃灣獅子會第三副會長凌以徽獅兄

　　現今社會有些不好的故事，但這些年輕人能夠克服困難，重新做人，他們的動人故事，是一股正能量，令其它邊緣青年同樣地走出一條光明的道路，重新出發！努力！加油！

荃灣獅子會義務司庫趙豪文獅兄

去年中第一次知道「重新出發」青年嘉許計劃的活動，已經是頒獎禮了。幸好有時間出席，當日典禮中，見到年青人所面對過的事，之後改過及「重新出發」，都令我印象十分深刻。而自己亦十分希望能於下一次做評審員。今年，機會來了，新一年的嘉許計劃再次舉行，做評審員是我的工作和責任，但同時，我更希望用我的經驗及見識，去幫助有需要的年青人，給他們多些正能量及鼓勵。

荃灣獅子會林俊基獅兄

錯誤並不可怕，最怕是一錯再錯。而「重新出發」青年嘉許計劃可以使一些曾誤入歧途的年青人悔改及勇敢面對過去的錯誤，從而認真思考自己未來的道路，我認為非常有意義，希望大家都能夠繼續支持勇於承擔責任的年青人。

荃灣獅子會何峯山獅兄

參考書目

1. Baumrind, D. (1971). Current patterns of parental authority. *Developmental Psychology Monographs, 4(1, Part 2).*

2. Baumrind, D. (1980). New directions in socialization research. *American psychologist*, 35, 639-652.

3. Cole, M., Cole, S.R. & Lightfoot, C. (2005) The development of children.New York, NY: Worth Publishers.

4. Erikson, E. (1959). *Identity and the life cycle: Selected papers.* New York: International Universities Press.

5. Holmbeck, G. N. (1996). A model of family relational transformations during the transition to adolescence: Parent-adolescent conflict and adaptation. In J. A. Graber & J. Brooks-Gunn (Eds.), *Transitions through adolescence: Interpersonal domains and context* (pp. 167-199). Mahwah. NJ: Erlbaum.

6. Holmbeck, G. N., Paikoff, R. L., & Brooks-Gunn, J. (1995). Parenting adolescents. In M. H. Bornstein (Ed.), *Handbook of parenting: Children and parenting: Vol. 1* (pp. 91-118). Mahwah, NJ: Erlbaum.

7. Strindberg, L & Morris A.S. (2001). Adolescent development. *Annual review of psychology*, 52, 83-110

8. 崔永康、Michael Adorjan（2018）。《給青少年犯事者一個機會：社會回應的演變》。香港：香港城市大學出版社。

香港青年協會

青協 • 有您需要

香港青年協會（簡稱青協）於 1960 年成立，是香港最具規模的非牟利青年服務機構。主要宗旨是為青少年提供專業而多元化的服務及活動，使青少年在德、智、體、群、美等各方面獲得均衡發展；其經費主要來自政府津貼、公益金撥款、賽馬會捐助、信託基金、活動收費、企業及個人捐獻等。

青協設有會員制度與各項專業服務，為全港青年及家庭提供支援及有益身心的活動。轄下超過 70 個服務單位，每年提供超過 25,000 項活動，參與人次近 600 萬。青協服務以青年為本，致力拓展下列 12 項「核心服務」，以回應青少年不斷轉變的需要；同時亦透過「青協 會員易」(easymember.hk) 平台及手機應用程式，全面聯繫 46 萬名登記會員。

青年空間

本着為青年創造空間的信念，青協轄下分佈全港各區的 22 所青年空間，致力聯繫青年，使青年空間成為一個屬於青年、讓青年發展潛能和鍛鍊的活動場所。在專業服務方面，青年空間積極發展及推廣三大支柱服務，包括學業支援、進修增值和社會體驗。各區的 M21@ 青年空間，鼓勵青年發揮創意與想像力，透過媒體製作過程，加強對社區的歸屬感，促進與社區互動。近年青年空間更設有 LEAD Lab，進一步為青少年提供在社區學習創意科藝的平台。「鄰舍第 」計劃也是社區青年工作的重要一環；而「社區體育」計劃則致力培養青年對團隊運動的興趣，從而推動團結、無懼、創新、奮鬥及堅持的信念。

M21 媒體服務

青協致力開拓網上服務、社交網絡及新媒體,緊貼青少年的溝通模式,並主動加強與他們的聯繫。青協轄下 M21 多媒體互動平台,集媒體實驗、媒體教室和媒體廣播於一身。M21 最大特色是「完全青年」,凝聚青少年組成製作隊伍,以新媒體進行創新和創作;其作品更可透過 M21 青協網台、校園電視和社區網絡進行廣播,讓他們的創意及潛能得到社會更廣泛認同和肯定。

輔導服務

青協的全健思維中心結合學校社會工作組、青苗計劃、媒體輔導中心及青年全健中心的服務,透過「關心一線 2777 8899」、「uTouch」網上外展、駐校社工及學生支援服務,全面為青年提供專業支援及輔導網絡,重點關注青少年的情緒健康、戀愛與性、學習障礙,以及媒體素養。

邊青服務

青年違法防治中心透過轄下地區外展社會工作隊、深宵青年服務和青年支援服務,為面對危機、犯罪青少年、受害者及其家人,就「犯罪違規」、「性危機」及「吸毒」三大重點問題,提供預防教育、危機介入與評估,以及輔導治療。另外,中心亦推動專業協作和研發倡導。「青法網」和「違法防治熱線 8100 9669」,為公眾提供青少年犯罪違規的資訊和求助方法。青協於上環永利街亦為有需要的青少年,提供短期住宿服務。

就業支援

　　青協一直倡導「生涯規劃」概念，透過青年就業網絡，恆常舉辦多元化活動和升學就業支援服務，協助青少年順利由學校過渡至工作環境。為協助青少年實踐創業理想，青協自 2002 年起推行多個重點項目，包括：香港青年創業計劃、青協賽馬會社會創新中心、青年創業學及社創挑戰賽；另亦提供創業孵化計劃、種籽基金、共用辦公空間、創業導師及業務支援等。「前海深港青年夢工場」及每年舉辦的「世界青年創業論壇」則為本地初創青年創業者拓展中國內地及海外市場的商機。

領袖培訓

　　青年領袖發展中心至今已為接近 15 萬名學生領袖提供有系統及專業訓練，並致力培育本地更多具潛質的青少年。其中《香港 200》領袖計劃，每年選拔具領導潛質的青年學生，培養他們願意為香港貢獻的心志。而「香港青年服務大獎」，旨在表揚持續身體力行，以服務香港為己任的青年，期望他們為香港未來添上精彩一筆。中心與國際知名的「薩爾斯堡全球論壇」合作，在港舉辦培訓活動，讓本地青年開拓更廣闊的國際視野。青協已參與活化前粉嶺裁判法院，成為全港首間香港青年協會領袖學院，下設四個院校將重點培訓領袖技巧、傳意溝通、全球視野及社會參與。

義工服務

　　青年義工網絡（簡稱 VNET）是香港最大型並以青年為主要對象的義工網絡。現時登記義工人數已超過 20 萬，每年為社會貢獻超過 80 萬小時服務。每年舉辦的「有心計劃」，連繫學校與工商企業，合力推動學生服務社區之餘，亦鼓勵企業實踐公民責任。VNET 近年推出「好義配」義工搜尋器 (easyvolunteer.hk)，讓義工隨時搜尋合適的義工服務機會，真正達致「做義工，好義配」。

家長服務

　　青協設有家長全動網，於網上提供豐富和最新資訊，並在各區提供專業調解服務，協助家長及其青少年子女化解衝突。另亦舉辦多元化的家長學習課程、講座、小組工作坊及家庭教育活動，鼓勵家長和青少年子女增進知識、同步成長。近年推出的「親子調解大使計劃」，旨在強化家長之間的支援網絡，促進家庭和諧。

教育服務

　　青協的辦學宗旨以鞏固學生的語文基礎及培養學生自主學習態度為主，辦有兩所非牟利幼稚園及幼兒園、一所非牟利幼稚園、一間資助小學及一間直資英文中學。五校致力發展校本課程，配以優良師資及具啟發性的教學環境，為香港培養優秀下一代，以及達致全人教育的目標。此外，青協持續進修中心亦為全港青年建立一個「求專、求博、求啟發」的持續學習平台。

創意交流

　　青協創意教育組於青年空間成立 LEAD Lab，透過著重「學習．應用．交流」的一站式創意科藝課程，致力培養青少年對 STEM 的興趣和潛能。此外，青協亦透過舉辦「香港學生科學比賽」、「香港 FLL 創意機械人大賽」、「香港機關王競賽」、「創意編程設計大賽」等，促進青少年的創新思維。此外，青協青年交流部致力提供國際交流機會，藉舉辦內地和海外體驗式考察和交流活動，協助青年加深認識國家發展，並建立國際視野。

文康體藝

　　青協轄下四個營地及戶外活動中心，提供多元的康體設施及全方位訓練活動，增強青少年的抗逆力和個人自信，建立良好溝通技巧和團隊合作精神。設於國內中山三鄉的青年培訓中心，透過考察和體驗活動，促進青少年對中國歷史文化和鄉鎮發展的認識。此外，本會的「香港旋律」青年無伴奏合唱團、「香港起舞」青年舞蹈團、「香港樂隊」青年樂隊組合及「香港敲擊」青年敲擊樂團，致力培育青年對文化藝術的涵養及表演藝術才華，展現他們參與的創意與熱誠。

研究出版

　　青協青年研究中心多年來持續進行有系統和科學性的青年研究。其中《香港青年趨勢分析》及《青年研究學報》，一直為香港制定相關政策和籌劃青年服務，提供重要參考。中心成立的青年創研庫，由本地年輕專業才俊與大專學生組成，就經濟與就業、管治與政制、教育與創新及社會與民生四項專題，定期發表研究報告。此外，青協專業叢書統籌組定期出版各類與青年工作相關的書籍；每季出版的英文刊物《香港青年》，就有關青年議題作出分析和探討，並比較香港與其他區域的青年狀況；雙月刊《青年空間》中文雜誌則為本地年輕人建立平台，分享他們的故事和體驗。

香港青年協會青年違法防治中心簡介

　　香港青年協會致力培育青年知法、守法。「青年違法防治中心」透過轄下地區外展社會工作隊、深宵青年服務及青年支援服務，就邊緣及犯罪青少年經常面對的三大問題，包括「犯罪違規」、「性危機」及「吸毒」，提供預防教育、危機介入與評估，以及輔導治療；另外亦推動專業協作及研發倡導。「青法網」和「違法防治熱線 8100 9669」，為公眾提供青少年犯罪違規的資訊和求助方法。青協於上環永利街亦為有需要的青少年提供短期住宿服務。

「重新出發」青年嘉許計劃簡介

　　香港青年協會青年違法防治中心舉辦「重新出發」青年嘉許計劃，旨在表揚和嘉許勇於改過自新、重新振作，願意以積極態度投入社會的青少年；同時亦希望藉著他們的故事，勉勵其他青少年奉公守法，建立健康人生。

　　青少年能成功改變過來，總有一些原因。除家人的支持、社工的引導外，往往還包括工作和進修機會、外界的接納等。我們希望藉此計劃，引起社會人士對邊緣青少年的關注，並期望能為他們提供更多機會，讓他們重新出發。

複選評審
荃灣獅子會陳承邦會長
荃灣獅子會李浩然副會長
香港城市大學人文社會科學院副院長黃成榮教授（青協青年違法防治中心義務顧問）
范凱傑大律師（青協青年違法防治中心義務顧問）
香港青年協會副總幹事馮丹媚女士

初選評審
荃灣獅子會趙豪文獅兄、何峯山獅兄、凌以徽獅兄、林俊基獅兄
香港青年協會單位主任楊健華先生
香港青年協會單位主任李智廣先生
香港青年協會青年工作幹事彭子晴女士
香港青年協會青年工作幹事胡嘉燕女士

荃灣獅子會簡介

荃灣獅子會 Lions Club of Tsuen Wan

　　荃灣獅子會由 60 名來自不同界別的社會賢達所組成，積極推動慈善項目造福人群。為進一步發展善業，特別創立荃灣獅子會慈善基金 (下稱本會)。

　　本會旨在為社會上不同需要之人士提供適切援助及服務，締造美好社群。本會凝聚來自不同行業、熱心公益之社會賢達，共同為建設美好香港而努力，並積極響應國際獅子總會。

4 大服務方向，包括：

1　保護環境
2　鼓勵青少年參與
3　救助飢餓
4　分享視覺

Donation / Sponsorship Form 捐款表格

Please tick (√) boxes as appropriate 請於合適選項格內，加上 "√"：

I / My organization am / is interested in donating HK\$_____to HKFYG by:
本人 / 本機構願意捐助港幣_____ 元予「青協」。

* ☐ **Crossed cheque** made payable to "The Hong Kong Federation of Youth Groups".
  Cheque No. 支票號碼：_____ (劃線支票抬頭祈付：香港青年協會)
  Please send the cheque together with this form *by post* to the *address below.
  請將劃線支票連同捐款表格，郵寄至下列地址*。

* ☐ **Direct transfer** to the Hang Seng Bank, account name: "The Hong Kong Federation of Youth Groups"
  account number: 773-027743-001
  Please send the bank's receipt together with this form to the Partnership and Resource Development Office *by fax*
  (3755 7155), *by email* (partnership@hkfyg.org.hk) or by post to the *address below.
  存款予本會恒生銀行賬戶(號碼：773-027743-001)，並將銀行存款證明連同捐款表格以傳真(3755 7155)、電郵
  (partnership@hkfyg.org.hk) 或郵寄至下列地址*。

☐ **PPS Payment**
  Registered users of PPS can donate to the Federation via a tone phone or the Internet. The merchant code for
  The Hong Kong Federation of Youth Groups is 9345. For further details, please feel free to call the Partnership and
  Resource Development Office at 3755 7103.
  繳費靈登記用戶，可透過繳費靈服務捐款予香港青年協會，本會登記商戶編號：9345。詳情請致電3755 7103
  香港青年協會「伙伴及資源拓展組」查詢。

☐ **Credit Card**　　　☐ **VISA**　　　☐ **MasterCard**

  One-off donation 一次過捐款　　　or　Regular Monthly Donationmonth

  HK\$ 港幣_____　或　HK\$ 港幣_____

  Card Number 信用卡號碼：　　　　　　　　　　　Valid Through 信用卡有效期：

  _____　　　　　_____ MM月 _____ YY年

  Name of Card Holder 持卡人姓名：　　　　　　Signature of Card Holder 持卡人簽署：

  _____　　　　　_____

Name of Donor 捐款人姓名：_____

Name of Sponsoring Organization 贊助機構名稱：_____

Name of Contact Person 聯絡人：_____

Phone No. 聯絡電話：_____ Fax No. 傳真號碼：_____ Email 電郵：_____

Correspondence Address 地址：___ _____

_____

Name of receipt 收據抬頭：_____

Receipts will be issued for all donations over HK\$100 and are tax-deductible.
所有港幣100元或以上捐款，將獲發收據作申請扣稅之用。

* Please send this donation / sponsorship form with your crossed cheque/the bank's receipt to:
  捐款表格、劃線支票/銀行存款證明，敬請寄回
* Partnership and Resource Development Office, The Hong Kong Federation of Youth Groups
  21/F, The Hong Kong Federation of Youth Groups Building, 21 Pak Fuk Road, North Point, Hong Kong
  香港北角百福道21號香港青年協會大廈21樓　香港青年協會「伙伴及資源拓展組」

重新出發III

出版： 香港青年協會
訂購及查詢： 香港北角百福道21號香港青年協會大廈21樓
電話： (852) 3755 7108
傳真： (852) 3755 7155
電郵： cps@hkfyg.org.hk
網頁： hkfyg.org.hk
M21網台： M21.hk
版次： 二零一八年七月初版
國際書號： 978-988-77134-3-2
定價： 港幣90元
顧問： 何永昌先生
督印： 馮丹媚女士
編輯委員會： 陳文浩、李樂民、楊健華、祁錫坤、彭子晴
鳴謝： 臨床心理學家杜嘉兒小姐（專家分析部分編撰）
　　　　　　　香港城市大學應用社會科學系崔永康教授（專家分析部分編撰）
執行編輯： 周若琦
撰文： 余偉阡
設計： 泊思傳意有限公司
製作及承印： 活石印刷限有公司

Turning Point III

Publisher: The Hong Kong Federation of Youth Groups
　　　　　　21/F, The Hong Kong Federation of Youth Groups Building,
　　　　　　21 Pak Fuk Road, North Point, Hong Kong
Printer: Living Stone Printing Co Ltd
Price: HK$90
ISBN: 978-988-77134-3-2

青協 App
立即下載